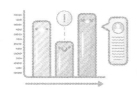

从零开始学

投资理财

王冠男

著

民主与建设出版社

·北京·

© 民主与建设出版社，2022

图书在版编目（CIP）数据

从零开始学投资理财 / 王冠男著 . -- 北京：民主
与建设出版社，2022.10
ISBN 978-7-5139-3956-0

Ⅰ . ①从… Ⅱ . ①王… Ⅲ . ①投资—基本知识 Ⅳ .
① F830.59

中国版本图书馆 CIP 数据核字 (2022) 第 172118 号

从零开始学投资理财
CONG LING KAISHI XUE TOUZI LICAI

著　者	王冠男	
责任编辑	董 卉 金 弦	
装帧设计	杨玉兰	
出版发行	民主与建设出版社有限责任公司	
电　话	（010）59417747　59419778	
社　址	北京市海淀区西三环中路 10 号望海楼 E 座 7 层	
邮　编	100142	
印　刷	北京兴湘印务有限公司	
版　次	2022 年 10 月第 1 版	
印　次	2023 年 1 月第 1 次印刷	
开　本	670mm×950mm　1/16	
印　张	12.5	
字　数	130 千字	
书　号	ISBN 978-7-5139-3956-0	
定　价	42.00 元	

注：如有印、装质量问题，请与出版社联系。

序
Preface

真性情的笔触，写出真实的理财

为本书作序，不仅是为了鼓励作者，更多的是期待借由本书的面市，可以帮助广大朋友一窥财富管理的真实样貌。

过去十年间，中国的财富管理行业发生了巨大的变化。这期间，不只理财从业人员面对转型更替，客户也同样急需转变观念。

在这种变化的时局下，相信本书的出版更具有参考价值！

本书的作者既是金融消费者、投资人，也是多年的金融从业人员，拥有作为客户的真实感受，再加上对行业的深度思考，写出了一篇篇对产品和行业的观察与认知的文章。

本书与坊间其他理财书籍最大的差异在于：作者和金融消费者的立场是一致的！书中的每一段文字都是朴实、真挚的表述，可以为大多数家庭的理财提供参考准则。

更可贵的是，作者有着求真务实的坚持，比如，书中对"标准普尔家庭资产象限图"的质疑与评价。实际上，标准普尔公司从未发表过这个在国内被广泛引用的"家庭资产象限图"，不但我本人在国外任职期间从未听闻，而且正式去信向美国标准普尔公司询问也得到相同的回复。

我曾经在海外市场亲历财富管理行业的变化，有幸见证了过去十年间国内财富管理行业的发展，从最初的粗放到目前的合规化、净值化发展，不仅体现了国内监管机关的智慧与决心，也意味着对行业理财师的专业要求更高，同时对国内广大家庭的金融认知也提出了更高的要求。本书作者提出的观点，有助于提升投资理财从业人员和客户在投资理财方面的认知力。

最后，以下面的一段文字与所有读者共勉：

投资理财管理是一个用时间印证价值的行业，从业人员应该以更专业、更高效、更温暖的高品质服务，真正长期陪伴客户；而作为客户的金融消费者，也需要拥有长期主义心态，做时间的朋友。

黄建翔

招商银行前财富管理总经理

目 录
Contents

认知篇：
形成健康积极的财富观

　　实现财富自由大概是每个年轻人的愿望，但往往被社会毒打之后，我们才慢慢清楚财富之路的铸就不是一蹴而就的，因为很多底层逻辑和架构我们必须提前在脑子里搭建好，为财富的到来做好准备。都说选择比努力重要，而正确的选择背后恰好是深刻合理的底层逻辑。

一、你缺的不是钱，而是正确的财富观

说来可能很多人不相信：有些人其实羞于谈论金钱，甚至将金钱与情义对立起来，认为"情义值千金，金钱如粪土"，仿佛只要一谈钱，就沾上了铜臭味，就伤了感情、伤了情义。

可现在是商业社会，爱钱、惜钱、谈钱从来不该是可耻的事情，只要"君子爱财，取之有道"即可。

财富增进幸福

拥有一定财富，我们就可以带家人旅游，去不同的地方品尝不同的美食，睡最舒服的床，看最美的风景，可以全职在家陪伴孩子，让孩子上更好的学校，生病了也无须为高额的医疗费发愁……

从更高的层次来说，拥有了财富之后，我们就拥有更多的人生选择权，意味着拥有更多自由，我们可以选择做自己喜欢的事情，人生自由度越高，当然幸福感就越强。

但是财富带来的幸福感，也无法摆脱边际效用递减规律。一开始，100万元能使我们很开心，我们可以付首付买一套像样的房子，可以吃豪华一点儿的自助餐……接下来，1000万元可以给我们带来巨大的幸福感，可以使我们换更大的房子，可以给孩子更好的教育，我们感到很满意。然后，1亿元可以为我们带来更大的幸福感，我们若想过把瘾做CEO，就可以立刻创业；若想为贫困孩子们建学校，可以立刻就实行……我们的人生自由度可以达到新高度。但是当钱多到花不完的时候，也就无所谓增加多少幸福感了，重要的是树立正确的财富观念。

投资家曹仁超先生说："年轻人，你非富不可。"因为他深刻地意识到，若想享受真正的自由，要看到人生更美的风景，就必须先富起来。拥有财富能为自己和家人带来实质性的幸福感，才有能力推动社会进步。当然，追求财富只是把财富当工具，而非人生的全部目标。

被忽视的儿童财商教育

国内的儿童财商教育之前几乎空白，学校的课程中几乎没有教孩子如何理解理财的，儿童财商教育只能由家长负责，而家长的财商教育意识决定了孩子的财商水平。

而现实是很多家长刻意不向孩子谈钱，理由是怕孩子形成错误的金钱观，怕孩子攀比，怕孩子"唯金钱论"……这其实是家长完全不理解财商教育的意义。

财商为什么很重要？因为它能帮我们理解和实践商业社会中关于钱从哪里来，到哪里去，如何才能赚到钱，如何才能守住钱，让下一代站在更高的维度去理解财富，创造财富，而不仅仅局限于以后赚一份工资而已，这就可以为孩子将来的创业、创富打下基础。

正因为如此，一部分家长开始重视财商教育。但遗憾的是，儿童财商教育往往只是停留在理论学习阶段，七八岁的孩子不可能完全理

解这些概念，毕竟成年人都未必能理解。对孩子来说，最好的财商教育，绝不是对着书本一字一句地念"通货膨胀是指货币贬值，物价上涨"等，而是在实践中学习，比如，财商教育的第一步其实是让孩子了解钱的概念。很多孩子连钱是什么都不知道，更别提做生意赚钱是怎么回事。如何教孩子认识钱？千万不要像我们上课一样，先给个定义让他背下来，然后从货币诞生开始说三天三夜。对孩子来说，在实践中学习才是最好的教育。

从孩子三岁开始，家长在给孩子购买他们需要的东西时可以把钱交给孩子，把权力交给孩子，让孩子自己付钱。比如，如果孩子想吃冰激凌，家长就给他 10 元钱，鼓励他自己去买。这样，孩子就会了解 10 元钱可以买一个冰激凌。如果孩子想买一个洋娃娃，家长可以给孩子 30 元钱让他自己去买，于是孩子就懂得了 30 元等于 3 个 10 元，知道了 30 元可以买个洋娃娃……在用钱购买商品时，孩子可以感受到钱的使用价值，知道钱可以用来换取商品，并且在购买商品的过程中初步学会基本的计算，如"3 个 10 元是 30 元""1 元 +2 元 =3 元"等。

那么，为了买到心仪的东西，孩子接下来可能要学会攒钱——储蓄。当储蓄不够，孩子却想进行进一步的操作时，家长就可以向孩子引出借贷、合伙等概念。当储蓄富余时，让孩子了解富余的钱可以存入银行，可以投资，可以做生意……这些都是日常生活中儿童财商教育的良好素材。当遇到一些市场经济现象时，比如，为什么上个月猪肉 20 元一斤，现在 30 元一斤，家长可以和孩子一起讨论一下。

一个人想要获得财富，从小树立正确的财富观非常重要。在理解财富、创造财富等方面，对孩子进行财商教育势在必行。

财富均值回归理论

相信很多读者都有这样的体会：当我们认真、脚踏实地地把事情做好，钱自然而然就来了；当我们迫切地想赚钱时，可能不仅赚不到钱，反而还有可能亏损。实际上，财富是我们为社会创造价值后的附属品，如果我们只一味地追求财富而忽视自己能否为社会创造价值，哪怕一时之间因好运气而拥有比别人更多的财富，这些财富也可能以成千上万种方式重新回到社会中。

因此，在财富领域，如果不是靠智商和才华赚来的钱，很可能会因为自己的愚蠢和无知而失去。比如有些因拆迁而得到一笔巨款的人，其手中的钱不是因"投资"被骗，就是因赌博败光，或者因消费耗尽……世界继续运行时，往往会使这些人拥有的财富回归到与他们自身条件适合、匹配的均值。这就是财富的均值回归。

我们只有理解财富的均值回归理论，才会对财富分配拥有更理性的认识，从而不会对某个因一时的运气而突然暴富的人心生崇拜，也不会因某个有才能的人一时失意而对其轻视、讥讽。整个社会财富的分配机制总体来说是公平的。只是财富均值回归的过程可能需要一两年，甚至十几年。如果我们不提升能力，使其与财富匹配，那么手中的财富很可能会回归均值，除非我们拥有财富后不断地学习，以充实自己，让自己配得上自己的财富，或是做慈善，使自己和财富都实现社会价值。

所以，聪明的人很清楚，有些钱很可能只是流经自己却并不属于自己，只有不断地提升自己，使自己的能力与拥有的财富和地位匹配，才能使财富在自己身边停留得更长久。

二、如何构筑人生风险缓冲地带

很多人对危机意识的感受力几乎为零，这非常危险。

比如，有些人家境和收入都很一般，却为了所谓的"精致生活"近乎"月光"，在大城市买不起房、供不起房贷，更别提攒钱投资了。一旦失业、疾病和被骗等风险来临，首先被摧垮的就是他们。

你身边是不是也有这样的人？他们时不时地向你借钱：因为父母年纪大了，生病需要钱；因为中年失业，维系生活需要钱；因为下个月没钱还房贷或交房租而借钱……

这些人发生这样的事是因为他们没有为自己的人生构筑风险缓冲地带。那么，什么是风险缓冲地带呢？我总结了以下几个可以缓冲风险的事项。

（1）存款（风险抵御分数为20分）。存款当然可以防范并抵御风险。生病了必须靠钱治病、抵御病魔，成家立业需要买房、买车，创业需要钱，养孩子、养家也需要钱。存款在抵御风险方面有不可替代的作用。

（2）保障类保险（风险抵御分数为20分）。注意不是理财养老类保险，本书后面的章节会讲到保障类保险。

（3）资产（风险抵御分数为 20 分）。包括实物资产和金融资产等，如房子、股权等，可以产生稳定的现金流，或者可以抵押、质押、套现，以备不时之需，是关键时候可以出力的硬货。

（4）任何时候都愿意出手帮你的好朋友（风险抵御分数为 10 分）。很多人都会忽视朋友的作用，尤其在成家以后，可能和朋友走动得越来越少。实际上，要学会维系朋友之间的情谊，学会借力于朋友。困顿时期来自朋友的援手——无论是情感上的慰藉还是实质的帮助，很可能是救命稻草。

（5）稳定可靠的家庭结构（风险抵御分数为 10 分）。家是避风的港湾，家也是责任和动力的来源，稳定可靠的家庭结构可以成为我们坚实的后盾，尤其对事业型的人而言，婚姻不稳定对事业掣肘的力度不小。

（6）各行业的人脉（风险抵御分数为 10 分）。各行业的人脉可以为我们的事业飞升创造更多的可能性，有时可使我们的事业"东方不亮西方亮"，而且也便于信息互通，给我们的人生带来更多的可能性。比如，很多程序员都有"35 岁危机"，那么 35 岁以后的路怎么走，这时候如果能够借助其他行业的人脉，就可能帮助自己渡过这一关。

（7）健康的身体（风险抵御分数为 10 分）。一个人如果不珍惜健康，不维护自己的健康，那么他的人生就存在最大的风险。一场疾病可能让人失去工作，失去人生的选择权，甚至可能"出师未捷身先死"，对家庭也会造成巨大的打击。

每个人对风险的感受能力不同，实践和阅历的积累才能练就感知风险的敏锐能力。一个在高考前仍然吊儿郎当的孩子会让父母焦虑，因为

父母知道如果他考不上好大学，就可能很难有个好工作，很难有一份好收入，人生很可能会遇到不少困境。然而作为当事人的孩子却感受不到父母的焦虑，甚至可能盲目乐观，高估自己。

而普通人对金融风险的感知能力更差一些。新闻中那些因为到处网贷、最后不堪重负甚至断送了自己前程与人生的年轻人就是因为严重低估了网贷风险和人生风险。没人会主动飞蛾扑火而自取灭亡。这些人最初觉得自己有能力控制局面，后来大多判断失误，无法掌控事情的发展，所以断送了自己的人生。

除了完全没有风险意识的人之外，还有一类人有风险意识但不知道风险在哪里。

对于金融理财这样的事，很多人或多或少都有风险意识，即使是80岁的老奶奶也会想："他是不是在骗我？"但是往往并不知道风险具体表现在哪里，如同盲人摸象，找不到问题的关键，只能听之任之。

比如，我们在银行买的公募债券基金的风险有违约风险、融资主体无法兑付风险……也就是说，我们要看该基金融资主体的实力，而不是纠结于基金公司是否会诈骗。

再如，我们投资私募债券基金的风险有信用风险、违约风险、操作风险……具体来讲就是，我们要担心这个私募基金管理人是否非法集资诈骗，是否挪用资金，融资主体能不能还得起钱，风控措施是否造假……

那么，为什么对于公募基金的基金公司我们不用担心它非法集资诈骗，不用担心它跑路，但对于私募基金公司我们却需要担心呢？因为这两种基金的复杂度不在一个级别，所以越是复杂的金融理财产品，对投资者的要求越高。投资者如果看不清风险在哪里，那么被坑或者投资出现亏损也很正常。

我们只有站在更高的维度，才能看清风险所在，才知道应该如何防范风险。

三、那些不可迷信的"经典"投资理论

"美林时钟"即美林证券基于美国 30 多年的经济数据,将宏观经济周期的四个不同阶段与大类资产配置和行业轮动联系起来提出的美林时钟投资模型。美林时钟是一个指导投资周期和资产配置的工具,具体内容见下图。

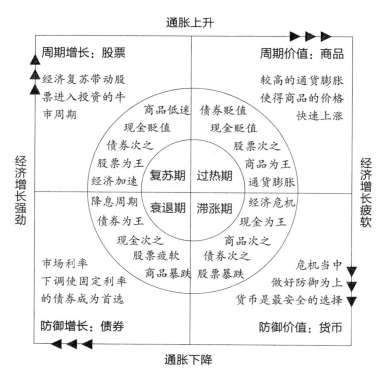

美林时钟基于美国市场得出，而且是用于指导资产配置。可是国内很多投资营销软文将美林时钟神话化，并借助美林时钟堂而皇之地推销不符合当下市场、不适合投资者的投资理财产品，而投资者却无法分辨。那么，美林时钟在中国的指导意义大吗？我们知道它是基于美国市场诞生的，而我们中国特色社会主义经济和美国经济大有不同，因此美林时钟对中国市场投资理财方面的指导作用并没有那么神通。

比如，从美林时钟来看，在经济衰退时债券为王，应买债券避险。那么，在中国的现实又是怎样的？

学习宏观经济学的人经常说："经济衰退时投资首选债券，经济复苏时投资首选股票。"这么多年来，一些宏观经济学家据此号召大家不要买房，而是在经济衰退时买债券。然而，那些听了宏观经济学家对经济所做的分析而做出投资决策的投资者，到底有几个赚到钱了？

宏观经济学，顾名思义，是从整个国家的市场经济的角度，甚至全球市场经济的角度看问题，为的是解决国家经济问题，实现经济繁荣。它并不是从微观和个人的角度出发。个人投资是否赚钱，并不是一些宏观经济学家的研究范畴。

实际上对个人来说，越是经济衰退，债券类、债权类理财的风险越大。为什么？即使是没有金融知识的人，也可以稍微借助常识来判断——经济衰退，企业收入减少，盈利下滑，还款能力降低，已经发行的债券都不一定能兑付，这时候还要发债融资，你敢买吗？经济越衰退，债券风险越大，垃圾债、私募债更是如此。

正因为敢买的人少，为了吸引投资者，企业只能付出更高的借款成本——提高利息以吸引大家来买。所以这个时候，债券基金的收益看起

来比较高。于是"金融专家"一看收益高了，高兴地带着大家逆周期买债券基金，还美其名曰带你"避险"。其实，投资者获得高出来的那几个点的利息是冒着本金可能损失的巨大风险，他们却以为自己在逆风翻盘。

我举上面的例子只是想说明，对于基于美国市场得出的美林时钟投资模型对中国市场的个人投资者投资是否完全具有指导意义这件事，请读者务必客观看待。

再看看几乎每个金融产品的销售策略都可能用到的神器——"标准普尔家庭资产象限图"。具体内容见下图。

要花的钱　占比 10%

短期消费

要点：
3 ~ 6 个月的生活费

保命的钱　占比 20%

意外重疾保障

要点：
专款专用，以小博大，解决家庭突发状况的大开支

标准普尔家庭资产象限图

生钱的钱　占比 30%

重在收益

要点：
股票、基金、房产等

保本升值的钱　占比 40%

保本升值

要点：
养老金、教育金、债券、信托、分红险等，收益稳定，持续成长

标准普尔家庭资产象限图俗称"标普图"。宣传资料中说它"是全球最具影响力的三大信用评级机构之一的美国标准普尔公司在调研了全球十万个资产稳健增长家庭的资产配置方式后，分析、总结出来的家庭资产配置分布图，该图是目前世界上保证家庭财富稳健增长，设置家庭资产构成比例最为合理的参考"。可令人疑虑的是，如此"知名"的家庭资产配置分布图，标普公司官网上却没有其任何相关信息，甚至维基百科上也查无此图。有人发现，这个"标准普尔家庭资产象限图"于2011年首次出现在国内某保险代理人做的PPT中。因此，该图的权威性要打个折扣。如果我们再仔细分析一下这个象限图的具体内容，就会发现它极不合理。

首先，我们来看左上方的象限，是留出3～6个月的生活费。这个可以理解，几乎每个家庭都有这样的资金。可是关键看这个10%的比例：如果是总资产的10%，若是身家100万元的家庭，账上恐怕很难有10万元存款；如果是存款的10%，那么对于资产上亿元的人来说，账上随时放着1000万元也不太合理。

其次，我们来看右上方的象限，是保命的钱。虽然保障类保险的配置是完全必要的，但问题不在这里，而是在于这个20%的比例。如果是拥有总资产100万元的30岁年轻人，意味着他要拿出20万元买保险，可是哪怕把重疾险、意外险、医疗险、定期寿险等这些保障类保险都配齐，按照国内保险的较高额度来配置，也只需要3万元左右（读者可以参考本书中关于保险配置的章节）。对于30岁的年轻人来说，保险不应该占据总资产20%如此高的比例，毕竟年轻人的资金还有更重要的用处。

再次，在右下方的象限中，保本升值的资产配置比例高达 40%。这里犯了一个明显的错误，就是信托和债券并非保本类投资理财方式，只有养老金、教育金等保险是保本类理财方式。这个象限难道意味着买分红储蓄类理财产品的金额要占一个人总资产的 40% ？这就更不合理了。

最后，在左下方的象限中，所谓用于生钱的钱的配置比例为 30%，看起来似乎没有大问题，但是每个人的风险偏好、财务状况、家庭结构、所处的人生阶段以及投资预期等各不相同，不可能每个人都适用于这个"标准答案"，就像退休后的老人就不再适合把累计高达 70% 的资金用于图中下面两个象限的投资。

所以，这样的一个资产配置象限图非常片面地对所有情况一刀切，无视现实中家庭资产配置的复杂性和系统性，其真实性、合理性都要大打折扣，现实中我们不必将其奉为信条。

产品篇：
选对你的投资理财产品

　　金融投资理财产品的种类很多，并且还在不断地增加，同一类型的投资理财产品的数量多如牛毛。我们要想在令人眼花缭乱的投资理财产品中找到真正适合自己的，就需要我们对市场上的投资理财产品有综合、全面的了解，对自己的现实条件有清醒的认识，这样，才有可能做出明智的选择。

一、认识基金从这里入手

基金的定义及其分类

了解基金的定义及其分类，有利于我们从各种理财产品中筛选出自己需要的基金。

1. 基金的定义

我们平时听到或者说起的"基金"这个词，其实指的是狭义的、仅仅只是投向股票的基金，买基金的人被称为"基民"，人们排队买基金的那些年被称为"基情燃烧的岁月"。要说中国人的理财方式，除了买房和银行理财之外，主要就是买基金了。这里说的基金，就是指狭义上的基金——证券投资基金，即通过发售基金份额，将众多不特定投资者的资金汇集起来，形成独立的基金财产，由基金管理人进行投资管理，基金托管人进行财产托管，基金投资人按其所持份额享受投资收益和承担投资风险的集合投资方式。证券投资基金的主要投资方向是有价证券，如股票、债券等金融工具或产品。

从本质上说，证券投资基金是一种间接通过基金管理人代理投资的方式，投资人通过基金管理人的专业资产管理，以期得到比自行管理更高的回报。证券投资基金在不同国家和地区的称呼有所不同，在美国被称为"共同基金"，在英国和我国香港地区被称为"单位信托基金"，在欧洲一些国家被称为"集合投资基金"或"集合投资计划"，在日本和我国台湾地区被称为"证券投资信托基金"。

从广义上说，为了某种目的而设立的具有一定数量的资金，都叫作基金，如信托投资基金、公积金（没错，公积金也是基金）、保险基金、退休基金、私募基金、债券基金和慈善基金等。随着我国金融业的繁荣与发展，市场上各类基金层出不穷，不再局限于证券投资基金。

2. 狭义上的基金——证券投资基金的分类

（1）按运作方式的不同，可以分为封闭式基金和开放式基金。

简单来说，封闭式基金在基金合同期间份额固定，不能申请赎回；开放式基金可以在约定的时间做申购、赎回操作，份额不固定。

（2）按管理方式的不同，可以分为主动型基金和被动（指数）型基金。

主动型基金需要基金经理花时间和精力主动操盘，其基金管理费要高一些；被动型基金不主动寻求取得超越市场的表现，而是直接复制指数的表现，一般选取特定的指数作为追踪对象，因此被动型基金通常又称"指数型基金"，其基金管理费一般较低。

（3）按投资对象的不同，分为股票型基金、债券型基金、货币基金和混合型基金。

根据中国证监会对基金类别的分类指标，80%以上的基金资产投资于股票的基金为股票型基金，而80%以上的基金资产投资于债券的基金为债券型基金。股票和债券都投资，但投资比例既不符合股票型基金又不符合债券型基金要求的基金叫作混合型基金。

而货币基金是以货币市场工具为投资对象，且仅投资于货币市场工具的基金，如"余额宝"就是货币基金，具有高安全性、高流动性、稳定收益性及"准储蓄"的特征。

（4）按投资区域的不同，分为境内（在岸）基金和境外（离岸）基金。

投资于中国境内市场的是境内基金；投资于海外市场的是境外基金，如 QDII 基金（QDII 是 Qualified Domestic Institutional Investor 的缩写，意为合格境内机构投资者）。

（5）按法律形式的不同，分为契约型基金和公司型基金。

我国证券投资基金全部是契约型基金，而美国绝大多数基金是公司型基金。

（6）按投资目标的不同，分为成长型基金、收入型基金和平衡型基金。

一般而言，成长型基金风险大、收益高，收入型基金风险小、收益低，平衡型基金的风险和收益介于成长型基金与收入型基金之间。

（7）按照募集方式的不同，分为公募基金和私募基金。

公募基金以公开的方式向社会公众投资者募集资金；私募基金不能公开，只能向特定的机构或个人发行。在我国，公募基金是受政府主管部门监管的，向不特定投资者公开发行受益凭证的证券投资基金，这些基金在法律的严格监管下，有信息披露、利润分配、运行限制等行业规范。

（8）按照特殊基金类型来分，有系列基金（伞形基金）、基金中的基金（FOF）、保本基金、交易型开放式指数基金（ETF）、上市开放式基金（LOF）和分级基金等。

大家买基金时经常会看到一些基金名称后面有 A、B、C 之类的字母，那么它们分别代表什么意思呢？

股票型基金中的 A、B 通常出现在分级基金中。这里的 A 份额代表风险和收益都比较低，但享受优先收益权；B 份额代表杠杆份额，即有可能获得更高收益，但也意味着要承担更大的风险。

债券型基金和混合型基金中的 A、C，指的是债券型以及部分混合型基金中最常见的 A 类份额和 C 类份额，比如 ×× 超短债 A、×× 超短债 C，这里的 A、C 代表收费方式不同。通常 A 类为前端收费，即申购时收取费用。C 类则在申购和赎回时都不收取费用，只在持有该基金期间按日计提销售服务费。

货币基金里的 A、B、E，指的是货币基金里有 A 类、B 类以及近年来流行的 E 类。A 类的适用范围最广，针对普通投资者，申购起点是 1 ～ 1000 元不等。而 B 类通常针对机构客户或资金量大的客户，申购起点一般较高。E 类则通常针对特殊渠道销售，一般是为电商销售专门设立的一类份额。

3. 公募基金中的新宠——公募 REITs

公募 REITs（Real Estate Investment Trusts，意为不动产信托投资基金），它的中文名称虽然是"公募不动产信托投资基金"，但目前在国内它并不是通过信托公司发行的。

那么什么是公募 REITs 呢？它是一种通过发行股份或受益凭证汇集资金，由专门的基金托管机构进行托管，并委托专门的投资机构进行投资经营管理，将投资综合收益按比例分配给投资者的一种金融产品，

也就是通过证券化方式将不动产资产或权益转化为流动性较强的标准化金融产品，它在证券交易所公开交易。简单来说，就是投资人通过参与公募REITs，可以分享不动产投资（包括基础设施建设）带来的收益。目前，公募REITs的投资标的包括仓储物流、收费公路、信息网络、产业园区等，暂不包括住宅和商业地产（以后会逐步开放）。基础设施公募REITs可以让投资者们用较少的资金参与到大型不动产基建项目中，从而分享项目的基础收益和资产升值。

我们可以看到公募REITs属于公募基金，但是和普通公募基金并不相同。普通公募基金是投资于股票、债券等金融有价证券，靠买卖时产生的差价以及分红赚取收益，但是公募REITs是投资于实物——不动产，靠不动产产生的运营收益，比如租金、分红以及资产本身增值获取投资回报；普通公募基金的基金管理人要参与管理基金在有价证券的二级市场的交易，但公募REITs基金则要求基金管理人参与不动产项目的日常运营管理，以获得更好的回报；普通公募基金有申购与赎回这一说，但是公募REITs不开放申购与赎回，只能在证券交易所买卖交易，也就是说，公募REITs成立之后只能通过二级市场买卖，且上市首日涨跌幅限制为±30%，非上市首日涨跌幅限制为±10%，这方面的特征比较像股票交易。

基于以上我们可以看出，公募REITs的风险收益特征介于股票和债券之间。一般情况下，公募REITs长期风险收益特征高于债券型基金，低于股票型基金和混合型基金，介于两者中间。公募REITs是继股票、债券等传统金融工具之后的又一金融产品。作为另类投资的一种，它具有长期收益较好且分红较为稳定的优势，与其他传统金融资产的相关性较低，不仅能极大地丰富国民金融投资理财的资产配置类别，还能有效降低投资组合的整体风险。

值得注意的是，很多人认为公募 REITs 既然投资的是优质不动产，那么怎样都不会赔。这样的认识是片面的。其实公募 REITs 绝非稳赚不赔，它适合作为长期的资产配置。公募 REITs 在证券市场交易过程中也有涨跌停板，因此短期快进快出也可能出现亏损。另外，不动产运营过程中也可能出现不同的风险，比如，因为经济下滑，导致物业空置率上升，从而使租金收入减少等。如果未来政策放宽之后出现各种商业地产类公募 REITs，那么投资者更需要谨慎筛选优质公募 REITs。

接下来，我会详细阐述关于基金的具体情况。

基金活动中与投资人相关的几个重要角色

基金活动中与投资人密切相关的几个角色是：基金管理人、基金托管人、基金投资人或基金份额持有人、基金销售机构和监管机构。

基金管理人和基金托管人通常同时出现。基金管理人即负责运作和管理基金资金的机构，负责基金资产的投资管理，提供基金理财服务，计算和公告基金资产和单位净值，收取基金管理费及基金收益分成（如私募基金管理人就会收取基金收益分成），并向基金持有人支付基金投资收益。基金托管人主要负责执行基金管理人的投资指令，审核基金资产，保存基金托管业务活动的账册和记录，出具基金业绩报告等，并收取基金托管服务费。注意：无论是基金管理人还是基金托管人，都不是自然人。

公募基金的基金管理人通常是证监会批准的基金管理公司。截至

2021 年 3 月，中国证监会公布的《公募基金管理机构名录》（2020 年 4 月）中，公募基金管理机构有 129 家。这些基金管理机构有些来源于证券公司、资管公司、保险公司、银行的理财子公司，有些来源于 PE 股权投资管理机构等。

而基金托管人均由符合条件的商业银行担任，担任基金托管人的银行叫作托管银行。基金托管人与基金管理人签订托管协议，在托管协议规定的范围内履行自己的职责并收取一定的托管费。《基金法》中规定：托管银行应当履行"安全保管基金财产"的职责。然而，这是针对投资证券市场的基金而言的，银行和券商要保证投资人的钱只能用于证券市场，不能任意流出。所以，证券基金有没有托管银行是非常重要的，托管银行有责任确保基金的资金用于证券市场。但是对于其他非证券类私募基金，在实际操作中托管银行很难确保基金的资金一定是专款专用。

基金投资人又叫基金份额持有人，也叫基金持有人，是基金的出资人、基金资产的所有者和基金投资预期收益的受益者。不同类型基金对基金投资人有不同的资格要求。

我国相关法律法规规定，办理基金开户的个人投资者的年龄为 18 ~ 70 周岁，并具有完全民事行为能力。而 16 周岁以上但不满 18 周岁的公民只有提交相关收入证明后才能开户。

通俗地讲，就是基金投资人出资金，基金管理人运作和管理资金，托管银行做基金托管人，最终获得的收益归基金投资人。其中，基金托管人收取托管服务费，基金管理人赚取管理费或者参与收益分成。

基金销售机构是指依法办理基金份额的认购、申购和赎回的基金管理人以及取得基金销售业务资格的其他机构，通常包括商业银行、证券公司、证券投资咨询机构、独立基金销售机构、期货公司、保险公司等。

国内的基金销售机构可分为直销机构和代销机构两种类型。

直销机构是指基金公司自产自销，自己有销售平台，可直接销售基金产品。基金公司进行直销目前主要有两种形式：一种是由专门的销售人员直接开发、维护机构客户和高净值个人客户，另一种是基金公司自行开发、建立电子商务平台销售基金产品。

代销机构是指与基金公司签订基金产品代销协议，代为销售基金产品，赚取销售佣金的商业机构，主要包括：商业银行、证券公司、期货公司、保险机构、证券投资咨询机构及独立基金销售机构。其中，独立基金销售机构又称第三方基金销售机构，既不是基金公司本身直销，又不是其他金融机构（证券公司、商业银行、保险公司等）代销，而是以基金代销为主要业务的金融销售机构。独立基金销售机构必须经过证监会批准才可以销售基金产品。

基金销售机构申请基金销售资格均需符合监管条件和资质要求。无论是直销还是代销，在基金销售过程中都应尽适当性义务。适当性义务包括三个方面：适当性匹配义务、风险提示义务和信息披露义务。基金投资人和金融消费者都应该对适当性义务有充分的认识，这样才能在基金理财产品或者销售机构出现问题时，正确、合法地维护自己的权益。

如果买的基金理财产品出现亏损，可以要求销售平台赔偿吗？赔偿能成功吗？金融产品销售机构的适当性义务是怎么回事？这些内容我将在之后的章节中进行详细解答。

基金监管机构是政府为了保护基金投资者的利益、规范基金交易和运作、维护基金市场秩序并促进基金市场健康发展而设立的，对基金活动进行严格监督和管理。基金监管机构依法拥有审批或核准基金的权力，对成立的基金进行备案，对基金管理人、基金托管人以及其他相关中介机构进行监督和管理，并对违法违规行为进行查处。

我国的基金监管机构主要为中国证券监督管理委员会、中国人民银行、证券交易所和证券业协会。中国证券监督管理委员会简称中国证监会，为国务院直属正部级事业单位。基金监管机构体系自上而下为：中国证监会对基金市场进行监管，中国证监会各地方监管局对基金进行监管，基金业自律组织监管，中国证券业协会的自律管理，基金业协会、证券交易所的自律管理，基金机构内部监管，基金投资者监督。

顺便来认识下银保监会。它的全称为中国银行保险监督管理委员会，是国务院直属事业单位，是金融市场的监管机构，也是投资人投资过程中经常提到的监管机构。

以上这些监督机构中，和投资人关系最为密切的当属中国证监会和中国银保监会。下面我将分别列出这两个机构管辖的范围，便于读者判断自己投资的领域归哪个机构管辖。

中国证监会管辖范围：证券、期货交易所、上市公司、证券公司、期货公司、各类基金公司、证券期货投资咨询机构、证券登记结算公司、期货结算机构、证券资信评级机构以及从事证券期货中介业务的其他机构。

中国银保监会管辖范围：各类银行、保险公司、保险中介公司、信托公司、消费金融公司、汽车金融公司、货币经纪公司、金融资产管理公司、财务公司、金融租赁公司以及其他金融机构（如信托登记公司、国债登记结算公司以及各类银行理财子公司等）。

所以，我们购买的股票基金、债券基金、货币基金、股票、期货和私募股权基金由中国证监会监管，而我们购买的信托产品、保险由中国银保监会监管。一些没有明确属于哪一方监管的机构和产品，就存在监管不完善之处，容易因监管不到位导致风险。

不同基金的风险等级

基金的种类非常多，即便都是公募基金，但有些是债券型公募基金，有些是股票型公募基金，还有些是货币基金。不同基金的风险等级不同，只有学会看基金的风险等级，才能筛选出适合的基金进行理财。

公募基金产品分为 5 个风险等级，即谨慎型产品（R1）、稳健型产品（R2）、平衡型产品（R3）、进取型产品（R4）和激进型产品（R5）。

R1 和 R2 级：投资范围基本一样，多为银行间市场、交易所市场债券，资金拆借、信托计划及其他金融资产等。通常来看，R1 级别的投资中，低风险产品的比例更高，且通常具有保本条款，也就是常见的保本保收益类或保本浮动收益类产品。

R3 级：这一级别的投资范围除可投资于债券、同业存放等低波动性金融产品外，还可投资于股票、商品和外汇等高波动性金融产品，后者的投资比例原则上不超过 30%。该级别不保证本金的偿付，有一定的本金风险，结构性产品的本金保障比例一般在 90% 以上，收益浮动且有一定波动。

R4 级：该级别产品挂钩股票、黄金和外汇等高波动性金融产品的

比例可超过 30%，不保证本金偿付，本金风险较大，收益浮动且波动较大，投资较易受到市场波动和政策法规变化等风险因素影响，亏损的可能性较高。

R5 级：该级别产品可完全投资于股票、外汇和黄金等各类高波动性金融产品，并可采用衍生交易、分层等杠杆放大的方式进行投资运作。本金风险极大，同时收益浮动和波动极大，投资较易受到市场波动和政策法规变化等风险因素影响，当然，对应的预期收益也较高。

其他理财产品风险等级的划分也类似。在实际操作中，一般按照基金平均股票仓位和业绩波动率两项指标计算风险得分。划分为高风险等级的基金有标准股票型基金、普通股票型基金、标准指数型基金、增强指数型基金、偏股型基金、灵活配置型基金和股债平衡型基金共 7 个三级类别。划分为中风险等级的基金有偏债型基金、普通债券型基金（二级）共 2 个三级类别。划分为低风险等级的基金有长期标准债券型基金、中短期标准债券型基金、普通债券型基金（一级）、保本型基金、货币市场基金（A 级）、货币市场基金（B 级）共 6 个三级类别。

而与此同时，普通投资人（区别于专业投资人）的风险承受能力也被分为 5 个风险承受等级：C1——谨慎型（也称保守型）；C2——稳健型；C3——平衡型；C4——进取型；C5——激进型。

这 5 个等级的名称可能有其他不同的表述方式，但都是将低风险承受能力到高风险承受能力划分为 5 个等级。

投资者购买基金产品前需填写"个人投资风险承受能力评估表"进行评级。购买基金产品时，基金产品的风险需和投资人的风险承受能力相匹配。原则上，投资人只能购买等于或者低于自己风险承受能力的基金产品，如果所购买基金的风险等级高于投资者自身风险承受能力的评级，那么在购买渠道还需签订或确认"自愿购买超过个人投资风险承受能力基金产品的声明"才能购买该基金产品。

而如果销售平台的理财经理向投资人推荐了不符合其风险承受能力的基金产品，比如，投资人是 C1 保守型，却被推荐购买了 R5 等级的股票基金，那么销售平台就会因在销售过程中未尽适当性义务，销售了不适合投资人的产品，从而对投资人的损失进行一定的赔偿。高风险基金有可能博得更高的收益，但也会伴随更高的风险和波动，因此投资人须认清产品风险等级和自己的风险承受能力，量力而行。

购买基金理财产品可能遇到的几种风险

基金是一种收益共享、风险共担的集合投资工具，投资人在享受收益的同时当然也会面临风险。我们在购买基金理财产品时，都会看到一份风险揭示书，上面罗列了以下各类风险。

（1）市场风险。包括宏观经济政策变动风险、经济周期波动风险、金融市场利率波动风险、公司经营不善风险和基金资产因通货膨胀贬值风险等。

（2）信用风险。指的是借款人或融资方因各种原因未能及时、足额偿还债权人或银行贷款而违约的可能性。信用风险的主要形式有还款能力风险、还款意愿风险和欺诈风险。所有债权类理财产品都有借款人或融资方欠钱不还的信用风险，在经济下行期，信用风险加剧。

（3）管理风险。基金管理人是否具备足够的投资管理能力，以及基金管理人的投资管理、风险管理和内部控制制度是否健全，能否有效防

范道德风险和其他内部风险，直接影响投资收益水平。而金融行业出现过很多"萝卜章"事件，通过假章蒙混过关，这也是管理中风险管理不到位的表现。

（4）流动性风险。证券市场在剧烈波动时，可能造成基金仓位调整和资产变现困难的情况。基金公司可以在单个交易日净赎回数额超过基金总份额10%的情况下启用巨额赎回机制，采取延期支付和暂停接受赎回申请的方式降低兑付压力，稳定基金净值，此为流动性风险的一种。

（5）操作和技术风险。指基金的具体相关当事人在各个操作环节中，可能因为内部管控不到位而出现失误，或者个人直接违反操作规则而带来的风险。

（6）违规风险。指在基金管理或运作过程中违反国家法律法规，违反监管规定的风险。比如，相关监管规定要求私募基金仅向特定投资人推荐，且投资人需要满足合格投资人条件，但是经常发生销售平台违规操作，公开向不合格投资人兜售私募基金的情况。

（7）其他风险。指的是战争、自然灾害等不可抗力因素导致的风险。

基金投资人签署的风险揭示书（也称"风险揭示函"）的主体内容一般为按照监管规定拟定的标准规范性文本，在此基础上，基金管理人再根据有关产品的特点酌情添加风险揭示的具体内容。但是，即便基金投资人在风险揭示书上签了字，也并不意味着该投资人对该产品的风险了然于心，金融产品销售机构有义务对投资人进一步披露该产品涉及的具体特定风险。

基金产品的挑选逻辑

金融市场上基金的数量极多，截至 2020 年 10 月底，市场上的公募基金产品共有 7000 多只，对应的资产净值合计超过 18 万亿元。而私募基金方面，根据中国证券投资基金业协会（以下简称"中国基金业协会"）公布的数据显示，截至 2020 年初，协会存续登记私募基金管理人20000 多家，存续备案私募基金 80000 多只，管理基金规模超过 13 万亿元。因此，学习从海量的基金中挑选优质基金，是一个基民重要的自我修养。

在这里，我总结了一些挑选基金的维度供大家参考。

（1）看基金管理人。基金管理人的投资管理能力高低直接关系着基金的投资收益。可以从基金管理人的过往业绩、成立年限、股东背景和高管团队等方面综合考察基金管理人的背景实力。一个没有过往业绩、成立年限短、股东背景单薄、背后是自然人控股、高管团队杂乱无章的投资公司往往潜藏着巨大的风险。

（2）看金融牌照。正如工商局给企业颁发的营业执照、营业许可证，卫生局给医疗机构颁发的执业许可证，只有获得了相应的金融牌照，基金公司、投资公司、金融销售机构才能名正言顺地发行或销售基金产品。否则，它就是非法集资、非法营业，会给投资人带来巨大风险。但是，我们也不能迷信金融牌照，正如拥有工商局颁发的营业执照的公司也可能发生非法营利的行为一样，为相关机构颁发金融牌照只是一种行政管理手段，并不是对公司的信用进行背书。简而言之，拥有金融牌照并不意味着基金产品就好，但没有金融牌照就一定不合规，投资

风险大。

（3）看创始人和高管团队。创始人是整个公司的掌舵人，创始人是否具备投资基因非常重要，我们无法想象一个从未涉足过金融业的煤矿老板做一家基金公司会是怎样的局面。"爆雷"的投资理财公司基本都涉及创始人或高管团队学历造假、履历造假、头衔荣誉造假和过往业绩造假等，这些理财公司用包装后的假信息诓骗投资人。要想识别造假，就要多借助互联网等正规渠道查询信息，以及多向圈内人士打听。

（4）看过往业绩。虽然过往业绩不代表未来预期，但是漂亮的过往业绩至少说明该基金管理人的投资管理水平在过去的实践中经受住了市场的考验，因此我们要看其在过去 7 ~ 10 年一个经济周期内的业绩，因为行情好的时候谁都能赚钱，业绩漂亮并不能说明该基金管理人能熬过低谷期，而完整的经济周期更能看出基金管理人在不同的市场状态下的投资管理能力。除了看那些明星基金的业绩外，还要看该公司旗下所有产品的过往业绩。如果仅个别基金的业绩非常突出，而其他基金的业绩长期在平均水平以下徘徊，而且那些业绩优秀的基金都已经封闭或限制申购，则猫腻很大。那些旗下投资产品整体业绩都不错，在过去的经济周期中穿越牛熊、能打能扛的公司才是优秀的基金公司。

（5）看基金的资金投向和盈利逻辑。判断基金的资金投向是否具备盈利条件，收益是否合理，盈利逻辑是否成立，往往并不需要投资人拥有很多金融基础知识，更多的是需要投资人拥有生活经验和社会阅历。比如，投向夕阳产业的资金如何获得长期稳定的回报？即便某基金看起来有完美的盈利逻辑，收益高且安全稳定、万无一失，我们也必须思考：这么好的投资机会何以落到一家名不见经传的基金公司或投资公司头上？在京东和淘宝都是经历多年亏损才盈利的情况下，一家没有名气的电商平台如何能突然盈利且每年能给投资人创造20%的收益？明明是投资互联网板块的上市公司，却将资金都投向酒业、房地产……因此，如果风险和收益的合理性成反比，且盈利逻辑不合理，该基金的投资风险就大。

（6）看营销宣传方式。投资有风险，入市需谨慎。监管机构对金融销售层面的监管非常严格，除非是银行的保本理财产品。如果基金产品有这些宣传营销内容，则均为高风险迹象：向投资者承诺本金不受损失或者承诺最低收益，宣传安全保本无风险；邀请明星代言理财平台或基金；花钱购买各种水货奖项和荣誉，比如，由一些娱乐、时尚媒体颁发的"中国经济风云人物"奖项，一些山寨协会颁发的"最受消费者欢迎的理财品牌"等；参加各类听起来很高端，但实际上在行业内并没有影响力的各种论坛和峰会，并以此宣传；理财经理多为美女帅哥，见面就叫"姐"或"哥"，举止过于亲热；把投资产品做成微商产品，每天晒单、晒转账记录和自拍……如遇到这些情况，需谨慎投资。

二、你知道大多数人购买的第一款理财产品吗

我国的储蓄率一直远高于世界平均水平，居民储蓄率也远高于发达国家。

储蓄率高，则意味着钱自然存于银行。近水楼台先得月，银行理财产品自然最先受到储户的青睐，因此，银行理财产品是人们日常接触到的最普遍的理财产品。

银行理财产品的类型：自营、代销和托管产品

一说起银行理财产品，大家心里想到的几乎都是银行营业厅中 LED 显示屏上滚动播放的"预期年化收益 4.5%，5 万元起投"等字样。银行理财产品给大家的印象就是 4% ～ 5% 的利息，把钱存进银行即可。这么理解对不对呢？狭义上的银行理财产品的确是特指银行自己发行的、收益为 4% ～ 5% 的理财产品。而广义上的银行理财产品，指的是在银行销售的任何投资理财产品，那就不仅仅指上述收益为 4% ～ 5% 的理财产品了。

很多人会问："难道在银行销售的理财产品不是银行自己的产品吗？"一般来说，银行理财产品分为 3 种：银行自营（银行自主发行）、

银行代销以及银行托管产品。那么这三者分别指的是什么？它们又有什么区别呢？

银行自营理财产品，即银行自主发行的理财产品，顾名思义，就是银行自产自销的产品。产品设计、资金投向、风控、资金管理、投后管理和理财销售等所有环节都由银行自己负责，有银行自身信用作隐形保障。银行自营理财产品一般属于固收类，风险较低、收益相对稳健，比如，银行的大额存单、结构性存款、保本理财产品或其他一些非保本理财产品。我们之前已经了解过风险等级，从低至高为 R1 ~ R5 五档。R1 级风险很低，一般可以保证收益或者保本浮动收益；R2 级风险较低，一般是比较安全的非保本浮动类理财产品；但是 R3 级以上就不能确保本金及收益了。即使是银行自营理财产品也并不能确保保本且稳健，其也有不同的风险等级，投资者应该根据自身的风险承受能力购买。

银行代销理财产品，顾名思义，非银行自己"研发"和"生产"，而是银行"批发"了一些投资理财产品放在自己的"货架"上，依靠自己的网点和渠道优势，将产品销售给银行的客户，从中赚取销售佣金。银行代销的理财产品通常有各类公募基金、信托产品、资产管理计划、保险产品和黄金等。银行代销的理财产品如果出现亏损，责任一般由发行机构承担或者投资者自负。但如果银行和客户经理在销售过程中存在违规行为，比如销售误导、刻意隐瞒产品风险、销售未经授权的产品及监管部门禁止发行的产品等，那么银行及客户经理要承担相应的违规销售责任，赔偿客户部分或全部损失。

很多人把银行托管理财产品误认为是银行代销产品或银行自营理财

产品，实际上银行托管产品仅仅是该理财产品的资金在银行进行托管，由于银行有托管业务，该业务是商业银行针对基金、保险、受托投资管理等资金开展的金融服务，通常由银行作为独立第三方，依据法律规定和托管合同约定，对托管资产提供资金安全保管、资金清算、资产估值、会计核算、投资监督（如有约定）、信息披露等基本服务和增值服务，并从中收取银行托管服务费。因此，银行托管的理财产品和银行代销、银行自营的理财产品没有任何关系。而且银行不会对该理财产品的投资风险进行审核与评级，更不会为该理财产品提供担保和背书，银行仅依据托管合同完成资金收付、划拨等约定事项，银行托管理财业务仅仅是商业银行收取服务费的一项业务。但很多投资者不明白银行自营理财产品、银行代销理财产品和银行托管理财产品这三者的区别，一旦遇到理财产品"爆雷"，就要求托管银行赔偿其投资损失，其结果是很难得到满意的答复。

正因为如此，银行托管的理财产品不会出现在银行的产品销售架上，银行也不会向投资者推荐银行托管的理财产品，除非银行托管的理财产品刚好是银行代销的理财产品。

学会辨别银行理财产品的真假

要想辨别银行理财产品的真假，最简单的方式就是登录该银行官网，在其投资理财产品查询平台进行搜索和查询。在查询平台中，银行销售的每一款理财产品都列明了该产品的信息，包括是代销还是自营。假如是银行代销的理财产品，查询人可以清晰明了地看到该产品的发行机构；假如是银行自主发行的理财产品，其均具有唯一的产品登记编码，每一个产品都可以在中国理财网上查询到。

如果查不到以上信息，那么就是个别银行的理财经理违规私自向客户销售假的银行理财产品。曾经发生过某支行行长张某伙同他人，私自向客户销售非本行的理财产品，涉案金额高达 30 亿元人民币，对投资人构成重大危害，是有史以来第一大"飞单"①案。

银行代销理财产品，需在遵守相关法律法规的基础上，经过行内流程规范的审批后，才能面向银行客户销售。很多商业银行从客户利益出发，对代销理财产品设立严格的准入机制，筛选符合标准的产品发行方与之合作。代销理财产品应由总行统一引入、审批和管理，未经总行审批或授权，分行不得自行组织代销产品。

根据《商业银行销售银行理财产品与代销理财产品的规范标准和销售流程》规定，不论是银行自营的理财产品还是代销其他机构的理财产品，银行在开展相关业务时都应尽适当性义务，将合适的理财产品销售给合适的客户，如实披露产品风险。客户在购买相关产品时也应根据自身情况充分考虑，选择合适的产品。由于客户事先已经知晓并表示接受产品亏损或未达预期收益的风险，一旦出现上述风险则由投资者自行承担。而如果由于银行未尽适当性义务造成客户投资损失，则银行应当赔偿一定的投资损失。

由于银行理财产品在现实中存在业绩导向、佣金导向问题，难免存在个别客户经理在销售时出现销售误导的情况，所以我们投资时应擦亮眼睛，做到心中有数。

---

① 飞单，指的是银行工作人员借助银行内部平台，私自销售非本行自主发行或非本行授权和达成委托销售关系的第三方机构的理财产品。

互联网平台上的银行理财产品

互联网平台上出现了不少民营银行，如众邦银行、华通银行、金城银行、百信银行等，这些银行的有些理财产品的收益和存款利率大大高于国有银行的，大多还有随存随取的功能，定期存款理财纯收益可达4% ~ 5%。这样的理财产品值得考虑吗？

在回答这个问题前，我们先了解一下民营银行。

民营银行，顾名思义，由民间资本发起、自担风险的银行，区别于国有银行和政策性银行。其中，阿里巴巴旗下的浙江网商银行和腾讯旗下的深圳前海微众银行应该是大家接触最多的民营银行，它们的产品分别展示在支付宝和微信里。

民营银行本身起步晚，规模相对小一些，为了与传统大银行竞争，从传统大银行手中分得一些储户存款和理财业务，在业务方面进行创新，在存款产品和理财产品方面设定的收益率相对高一些。因此，我们会在一些互联网平台上看到这些民营银行的存款产品和理财产品。

民营银行会倒闭吗

民营银行并非国有银行，它们会倒闭吗？如果民营银行倒闭，那么客户在该银行的贷款、理财产品或存款怎么处置？

事实上，2015年5月1日，作为我国民营银行发展的配套措施——《存款保险条例》开始实施。《存款保险条例》中有这样的规定："存款保险实行限额偿付，最高偿付限额为人民币50万元。""同一存款人在同一家投保机构所有被保险存款账户的存款本金和利息合并计算的资金数额在最高偿付限额以内的，实行全额偿付；超出最高偿付限额的部分，依法从投保机构清算财产中受偿。"

但是，根据《存款保险条例》的规定，如果存在以下4种情况，就算银行破产，客户或储户也得不到赔付：①银行未购买存款保险；②储户存款意外丢失；③客户在银行购买的理财产品；④银行代售的理财产品。

其中，储户存款意外丢失得不到赔付，指的是银行在倒闭清算时不会赔付这笔意外丢失的钱，储户只能通过其他方式要求银行处理。

存款保险制度的出台，主要源于现在越来越多的民营银行相继获批、开展业务。存款保险制度其实是让各类型的银行提前安排了"身后事"。这句话该怎么理解呢？通俗地理解就是，国家允许银行破产倒闭，且不再为储户在商业银行的存款兜底了。因此，银行倒闭不再是离普通老百姓很遥远的事。

在国外，银行破产倒闭的事情时有发生，就连雷曼兄弟这种大型银行也因经营不善而无奈倒下。我国国情不同，银行大多属于国有或国有控股，因此银行倒闭的概率较低，尤其是大型国有银行，安全系数很高。

不过，自《存款保险条例》实施以来，已有包商银行用过这个条例。

银行宣布破产倒闭并不会影响银行拥有的债权。银行倒闭后，将由专门的机构接手该银行的债权，意味着借款人只是换了家银行继续还钱。因此，在该银行获批的房贷以及该行发行的信用卡的欠款等都需要继续还款，不要抱侥幸心理。

了解以上这些情况之后，假设我们手中有超过50万元的现金，面

对互联网平台上琳琅满目的银行理财产品，如果既想拿到中小民营银行较高的存款收益，又不想承担投资风险的话，那么就可以把这笔现金分成低于 50 万元的几份，分别存在几家不同的民营银行。这样，即使其中一家民营银行倒闭了，那本息还是可以得到保障的。

银行理财的误区：在银行理财，银行会兜底

银行保本保息的理财产品属于保本型理财产品或存款型理财产品。除了保本类理财产品的本金会按照合同由银行兜底之外，实际上在 2018 年《关于规范金融机构资产管理业务的指导意见》（下文简称《资管新规》）出台前，银行自主发行的固收类理财产品也都是刚兑的（无论怎样，由银行兜底），但是银行代销的理财产品不在此列。所以，之前很多储户购买银行 4% ～ 5% 年化收益的理财产品特别放心，把它们当作存款。

可是政策和市场一直在变化。根据《资管新规》的要求，各家银行不断下架保本型理财产品，逐步发展非保本浮动收益型理财产品，推进理财产品净值化，理财产品的收益根据实际情况浮动。因此，如今除部分银行发行的少量保本型理财产品承诺保本，到期由发行方兜底以外，其余非保本型理财产品一旦出现赔本情况，损失则由投资者自行承担，除非银行在销售理财产品的过程中存在信息披露不到位、信息误导、销售误导以及其他不合规销售操作导致投资者损失，投资者可起诉银行，要求赔偿。

这就是监管机构的硬性要求：理财产品要打破刚性兑付，银行在实际操作中要进一步加强对投资者进行风险教育与引导，实行"卖者尽

责、买者自负"的基本交易原则。

因此，除了很少一部分本身就承诺保本的保本型理财产品之外的理财产品，银行应监管机构的要求，必须打破刚性兑付，不兜底。银行对自主发行的理财产品都不会兜底，更别说对代销的理财产品了。

银行理财子公司的理财产品和银行理财产品是一回事吗

人们在银行购买收益率为 4% ~ 5% 的银行自主发行的理财产品时，理财经理往往说不清楚这些理财资金具体投向哪里。在 2018 年《资管新规》出台前，银行自主发行的理财产品的规模一直在逐年扩大，逐渐出现资金池理财模式和期限错配。银行发行这样的理财产品，相当于一边高息揽存打造资金池，且不用向央行计提存款准备金，一边在期限错配下使理财资金的去向顺利绕过监管。

这里简单解释一下期限错配的概念。期限错配在这里主要是指资金来源短期化、资金运用长期化。比如，把某个 1 年期的融资项目拆成 4 个 3 月期或 12 个 1 月期的，这样，每一期的投资人的出资份额都在顶替上一期投资人的出资份额。这就是将长期融资项目拆成短期融资项目，以达到快速融资的目的。期限错配的风险主要体现在流动性风险上。一旦在"借新还旧"的过程中出了问题，如募集的资金锐减，就可能导致资金链断裂。

为了隔离理财业务的风险，实现理财业务回归本源，同时也为了丰富银行的资产管理业务，银行理财子公司应运而生。通俗地讲，就是银行通过设立理财子公司，将原有的理财产品业务潜在的系统性风险隔离，同时使理财产品业务和资产管理更加专业化。

银行理财子公司与银行是子公司与母公司的关系，是商业银行下设的从事理财业务的非银行金融机构，其所适用的监管标准与其他资产管理机构总体保持一致，在法律上是自主经营、自负盈亏的独立法人。按照《中华人民共和国公司法》（下文简称《公司法》）规定，银行理财子公司以其全部资产对外承担责任，自行承担所有风险，即使出现风险也与母公司——银行没有关系，但母公司对子公司的人事、财务等资源具有一定的调配权限。

银行保本型理财产品退出历史舞台，未来的银行理财产品市场中将全部是非保本浮动收益型理财产品。银行理财子公司可以发行公募和私募理财产品，具有可以投资非标资产、直接投资股票等突出优势，拥有更丰富的投资理财产品。银行理财子公司发行的理财产品可以自产自销，也可以由母公司代销，或者由银保监会认可的其他机构代销。

三、巴菲特看好的理财方式——指数基金

指数基金的定义、分类和优势

1. 指数基金的定义

指数基金，就是以特定指数（如沪深 300 指数、标普 500 指数、纳斯达克 100 指数、日经 225 指数等）为标的指数，并以该指数的成分股为投资对象的基金。具体表现就是指数涨，基金的净值就涨，指数跌，基金的净值就跌，完全复制指数的涨跌表现。

指数，是由证券交易所或金融服务机构编制的一种表明股票行情变动的供参考的指示数字，是反映平均水平的一种加权平均值，即通过某种规则选出一些样本，并通过加权平均求得这些样本的平均趋势，这一趋势可以看作是以这些样本为代表的总体的变化趋势。简单来说，即一大篮子股票的总体走势。

比如，一个班级有 50 个人，班级的平均分数就是班级总分除以班级人数，这个平均分数可理解为班级的平均分数指数，可以称为某班 50 指数。同样道理，还可以得出男同学的平均分数、女同学的平均分数、总分排名前 10 位同学的平均分数……我们把班级看作股市，把每个同学看作不同的上市公司，把每个同学的分数看作上市公司的股价，把平

均分数看作指数，这样就容易理解了。当然，指数的编制方法远比计算班级平均分的方法更为复杂。作为普通投资者，我们不需要深究指数的编制方法，只需要把指数看作评价成分股平均股价波动的参考。

我们平时常说的上证指数，其样本股是在上海证券交易所上市的全部股票（包括 A 股和 B 股），反映了上海证券交易所上市股票价格的整体变动情况，而被纳入上证指数计算范围内的股票就叫上证指数的成分股。

2. 指数基金的分类

上证 50 指数，就是上海证券交易所规模最大、流动性最好的前 50 只股票的平均分。这 50 只股票就是上证 50 指数的成分股。如果你买上证 50 指数基金，实际上你的投资对象就是上证 50 指数计算范围内的 50 只股票。

沪深 300 指数则类似于上海和深圳证券市场上规模最大、流动性最好的前 300 只股票的平均分（其市值占 A 股总市值的 60%，其净利润占 A 股净利润的 80%，成分股基本是证券市场的龙头）。如果你买沪深 300 指数基金，实际上你的投资对象就是上海、深圳证券市场中沪深 300 指数计算范围内的 300 只大蓝筹成分股。

中证 100 指数是从沪深 300 指数样本股中挑选规模最大的 100 只股票组成样本股，以综合反映沪深证券市场中最具市场影响力的一批大市值公司的整体状况。

中证 500 指数，其样本空间股票是由全部 A 股中剔除沪深 300 指数成分股及总市值排名前 300 名的股票后，总市值排名靠前的 500 只股票组成，综合反映中国 A 股市场中一批中小市值公司的股票价格表现。

除以上各指数外，还有反映创业股票市场情况的创业板指数等其他多个指数。

标普 500 指数的英文简写为 S&P 500 Index，是追踪、记录美国 500 家上市公司表现的股票指数。这个股票指数由标准普尔公司编制并维护。

此外，还有按行业分类的指数，如医药行业指数、消费行业指数和证券行业指数等，用以追踪相应行业的一篮子股票的平均表现；还有根据概念进行分类的指数，如高铁概念指数和白酒概念指数等。

根据管理方式不同，指数基金可以分为两类：一类是被动指数型基金，另一类是增强指数型基金。被动指数型基金的策略是买指数里面的全部股票，完全复制指数的波动和收益。而增强指数型基金的策略则是买指数里的大部分股票，并对成分股进行一定程度的增持、减持，或增持成分股以外的个股，利用量化策略和不同的套利手段，确保紧密追踪基准指数的同时获得高于指数表现的收益。

还有一种特殊的指数基金——主题策略型基金。它们主要通过一些量化模型或一些鼓励加权取得一些量化策略，市场上最常见的是基于股息率加权的中证红利基金。此外，还有一些经市场验证比较有效的策略，如高贝塔策略。

最后一类是随着中国和国际市场的开放形成的 QD 类指数基金。比如，可以在中国内地市场买到香港地区市场上的恒生指数基金、恒生国企指数基金、恒生中小盘股基金，以及美国证券市场上的标普 500 指数基金、纳斯达克 100 指数基金等。

目前，市面上比较主流的标的指数有沪深 300 指数、标普 500 指数、

纳斯达克 100 指数等。

个股要想成为某指数的成分股，只有满足符合客观标准的入选条件，才可能被选入。有关指数会定期调整成分股，在市场上经过一段时间的验证后，不断剔除不再符合标准的成分股，同时不断选入符合标准的成分股。

3. 指数基金的优势

相对于股票来说，指数基金有以下优势。

（1）分散风险。正如一个班级中的同学的分数有高低之分，股票也有优劣之分。如果只投资一只股票，等于孤注一掷，一旦发生政策风险、信用风险、操作风险等，就会令投资人措手不及，比如，此前商誉减值、个股业绩"爆雷"、A 股市场上"黑天鹅"事件频发。而指数基金投资的是某指数的成分股，等于投资了一篮子股票，可以避免发生"把鸡蛋放进同一个篮子里"的情况，分散单只股票的特定风险，任何单只股票价格的波动都不会对指数基金的整体表现造成影响。

（2）省心高效。即使在牛市，个股也并非普涨。主动选股可能押中牛股，但也可能错过上涨行情，所以常听身边炒股的朋友说"涨指数不涨个股"。选股能力不太强的投资者在投资时，可能看好某个行业的发展空间，或者看好股市的大致走向，但不确定买哪只或哪几只股票，这时投资指数基金就不失为一个简单且可以获得回报的投资方式。另外，由于标的指数一般都有较长时间的历史业绩可追踪，并呈现一定的周期性规律，所以，在一定程度上指数基金的风险是大致可以预测的。

（3）人为干预少，运作透明。由于指数基金追踪的指数是由证券交易所统一制定的，入选的成分股也是以客观标准经过统一考察的，所以投资者无须像投资主动型基金时那样进行各种投资研究以及频繁地进行套利操作或买卖。投资指数基金只需盯住标的指数，除了跟随指数的成分股进行调整以外，其他时间无须太多操作，运作非常简单、透明。指数基金根本没有机会出现"老鼠仓"或者其他利益输送的情况。而且，投资人可以从公开的市场信息中心了解指数的涨幅，能大概地知道自己投资的指数基金的收益，便于考察指数基金追踪的情况。

（4）投资成本低。由于所有指数基金只要机械地复制其指数走势，只需在相关指数的成分股出现调整时随其调整，不需要人为判断和挑选，不需要基金经理做大量调研工作，所以申购费、赎回费和管理费等各项费用都明显低于常见的主动型基金。比如，指数基金的申购费率为0.6% 左右，几乎只为主动型基金的三分之一。

为何巴菲特看好指数基金

"对于普通投资者来说，最好的投资方式就是长期投资指数基金。"相信很多人都听过巴菲特的这句话。在网络上，也有成千上万篇关于指数基金投资的文章。这些文章最大的特点是声称就连股神巴菲特也极力推崇指数基金定投。不过，依然有人质疑：巴菲特是否真的推荐过指数基金？让我们来看看真相。

巴菲特在1993年曾写过一封致伯克希尔·哈撒韦公司股东的信。在信中，巴菲特指出，当一位投资者不了解某个经济领域的具体状况，但还是有信心并愿意成为该经济领域的长期股东时，他应该分散购买大量股票，并且分批买入。举例来说，一个什么都不懂的业余投资者分期购买一只指数基金的收益有可能战胜职业投资者。当"傻钱"意识到自

己的局限后，它就不再傻了。但是反过来，如果投资者具备一定的投资知识，有能力理解公司商业经济的运作，并且能够找到 5 ～ 10 家从长期来看有竞争优势且价格合理的公司，那么传统的指数多元分散投资将对其毫无意义。

2008 年，在伯克希尔·哈撒韦公司股东年会上，有人提出一个问题："假设你们（指巴菲特和芒格）现在 30 岁，银行存款达到 100 万美元，同时假设你们不是职业投资家，而是有一份全职工作，且储蓄够花 18 个月，没有孩子，你们会如何投资这 100 万美元？"

巴菲特的回答大意如下："非常简单，在你说的情况下，我会把这些钱都拿去买一只低成本指数基金。我会找一只很可靠、成本很低的指数基金，比如先锋。我觉得从长期来看，投资指数基金会获得比债券更好的投资回报。然后我会忘了这件事，继续回去工作。"

这样来看，巴菲特的意思就非常清楚了：如果你不是投资高手，不会选股，不会看公司，那就老老实实地承认自己不懂，踏踏实实买一只指数基金。如果你有投资能力，会选股，那就不需要多元分散地买指数基金，而是可以选几个确定性高的股票进行集中投资。

为了验证自己所说的，2007 年，巴菲特以 50 万美元为赌注，宣称对冲基金（一种主动型基金）的基金经理选择任何基金组合，10 年间所获的收益不会超过标普 500 指数基金的收益。2008 年，门徒伙伴资产管理公司的创始人特德·赛德斯回应巴菲特的挑战，挑选了 5 只 FOF 基金（注意，这 5 只基金还是对冲基金）与巴菲特选择的标普 500 指数基金进行对比。特德·赛德斯把这 5 只基金的资金投到了 200 只对冲基金内，期望能获得超过标普 500 指数基金的收益。

最初，这 5 只 FOF 基金表现强劲。2008 年，这 5 只 FOF 基金的表现都打败了标普 500 指数基金。但在那之后，它们从高点大幅下跌。在之后的 9 年中，这 5 只 FOF 基金的表现都落后于标普 500 指数基金。10 年赌约到期时，巴菲特赢了。标普 500 指数基金年复合增长率达到 8.5%，而这 5 只 FOF 基金只取得了平均 2.96% 的年复合回报率，其中一只基金已在 2017 年被清算。

巴菲特对指数基金为何如此自信？

国家的经济发展很大程度上源于每个公司做出的贡献。而上市公司所做的贡献程度高于非上市公司，上市公司中的优秀公司所做的贡献程度又高于一般上市公司。以中国 A 股为例，与美国标普 500 指数相对应的是沪深 300 指数，沪深 300 指数的成分股已经以客观标准经过统一考察，为优中选优。根据前面小节我们简单理解的指数的含义，沪深 300 指数基金的回报率 > 全部上市公司的平均回报率 > 全国所有企业的平均回报率。也就是说，挑选在班里成绩排名前 10 位的同学去参加考试，那么他们考试的平均分数无疑会高于全班的平均分数，也会高于全年级的平均分数。

再看 100 多年来的历史数据，美国指数基金的年化回报率在 8% 左右，能够维持 10 年以上战胜指数基金的基金屈指可数。在美国，许多财经媒体每年都会对各大基金进行评选，其中约 90% 的基金的表现都无法超过指数基金，而且这些仅仅是活下来的基金，还有不少基金因为亏损达到清盘线，没有进入统计范围。其实，统计时并未扣除基金管理费和分红。如果是各类对冲基金，其管理费率为每年 1%，利润分成为 20% ~ 25%。如果扣除这些的话，投资对冲基金可能会更惨。

因此，巴菲特注定会赢得这场赌局。

指数基金定投的误区

误区一：没看清中美股市差别，盲目购买指数基金

可能是因为巴菲特曾经忠告投资者"多年来，经常有人请求我提供投资建议，我通常给的建议是，投资低成本的标普 500 指数基金"，所以，现在很多自媒体过度夸大指数基金的优势，导致很多投资者盲目购买。

实际上中国股市和美国股市并不完全一样。我们来看一组数据：2008—2018 年，美国标普 500 指数累计涨幅达 312%，美股纳斯达克指数涨幅达 387%。而中国股市呢，有网友发现，上证指数 2008 年 8 月 6 日的收盘点位为 2705 点，而 2018 年 8 月 6 日的收盘点位为 2719 点，10 年间，上证指数仅上涨了 14 点，基本原地踏步。哪怕截取一个好看的数字，如从 2008 年 12 月 31 日至 2018 年 6 月 24 日，上证指数在这 10 年间的涨幅为 58.71%，这 10 年来 A 股上证指数的平均年化收益率是 4.7%。

在拥有 200 多年历史的美国金融市场中，股票的回报率确实最好，比其他资产，如房地产、债券和黄金等都好不少。所以巴菲特推崇买入并长期持有指数基金，他甚至提到在自己辞世后，家族信托基金的 90%都买入美国标普 500 指数基金。然而，在中国没有人敢这么对待 A 股。

那么，指数基金在中国就是鸡肋吗？并不是。请继续读下去。

误区二：认为在任何时候，只需买入即可高枕无忧

很多投资者以在 2007 年底或 2015 年中购入指数基金至今一直亏损为例，否定指数基金的优势。但是，并非指数基金本身有错，只要是

投资就没有不看时机的道理。其实，亏损的理由相当简单：入场时机不对！如果有人在股灾前，也就是 2007 年底购买了上证指数基金，那么到 2018 年，这 10 年间亏损就会达到近 50%。

巴菲特曾说过："别人贪婪我恐惧，别人恐惧我贪婪。"可很多投资者却刚好相反，在市场处于低位时不出手，在市场处于高位时却积极参与。这种贪婪和恐惧的人性弱点阻碍了投资者用指数基金获得投资成功。关于这一点，巴菲特在 2013 年接受哥伦比亚广播公司（CBS）采访时也两次强调，大意如下："他们（指广大投资者）只需确保不要恰好在错误的时机全盘买入，而是应该分时间段买入。有时时机比较差，有时时机比较好，但总的来说，平均下来问题不大。"

无论多么出色的指数基金，它的涨跌表现都源于股市本身的涨跌表现。绝大多数投资者完全没有择时能力，常在高点买入。投资者无论是购买股票还是指数基金，需要应对的投资风险之一就是避免在股市最高点时买入。而择时在投资上是最难的一件事，因此巴菲特建议投资者分时间段买入指数基金，这样就可以平摊成本。这就是指数基金定投的逻辑。

很多投资者不看大盘的时机和估值，机械式定期买入。比如，他们把资金分成 50 份，不管市场涨跌，每个月都买入 2000 元的指数基金，共买入 10 万元的指数基金。也就是说，在 4 年多的时间里把 10 万元全部投入指数基金，觉得这样进行指数基金定投就万事大吉了。实际上，同样以 2000 元为定投的锚定金额，高明的指数基金定投投资人不仅要对大盘所处的位置（估值高还是估值低）做出判断，还要根据判断，在投资过程中增减指数基金的投资额，灵活调节整体的购入成本。

误区三：怀着短期获利的投机心态，缺乏耐心

　　指数基金最终的涨幅源于成分股股价的总体表现，而这些成分股股价的表现与股市大环境密切相关。股市总有涨跌波动，如果在某个指数基金定投期的 5 年间恰好有段时间股市每况愈下，投资者每天看到的都是绿油油的一片，很容易心生慌乱，如果坚持不下去，中途割肉退出的话，就等于做了一回市场的"韭菜"，在股市回涨前把自己的血汗钱亏在了股市里，这样一来，他们会觉得买指数基金也不赚钱。

　　即便在市场长期走势总体向上的前提下，市场的短期波动也不可避免，更何况 A 股并不是一个完全有效的市场，其波动频率和幅度更大。投资者如果怀着短期获利的心态，缺乏持久的耐心，往往会进行频繁买入和赎回的操作。投资者还可能表现出"韭菜"心态，在行情下跌时停止或减少定投甚至赎回，在行情上涨时买入或加码追高，这些操作都不利于从指数基金的投资中获利。其实，只需在市场总体下行时开始实施基金定投计划，然后在市场的下一轮高涨中退出，使基金定投形成"微笑曲线"，回报就相当可观。越是在股市低点，投资者越要稳住心态，坚持定投，降低整体投资成本。投资者只有在市场低位累积筹码，才可能在长期投资中获得较大回报。

在中国特色的股市环境中，指数基金和主动型基金的投资策略

　　不同于被动复制指数涨幅的指数基金，主动型基金需要基金经理操盘，通过研究各种投资，频繁地进行买卖或套利操作等，以期获得超越市场基准收益率的基金。在这里，我们不探讨二者的优劣，因为它们都是投资工具，投资者只需善加利用它们即可。因为我们介绍了中国股市

和美国股市的区别，知道投资时照搬美国的那一套肯定行不通，所以现在我们来学习一下在中国特色的股市环境中，投资者该如何恰当运用指数基金和主动型基金这两个工具来帮助自己赚钱。

1. 购买指数基金最好采取定投策略

购买指数基金也要选择入场时机——择时，但是，择时在投资活动中是最难的事情，一次性购买的话，我们很难把握是买在了高点，还是买在了低点。而定投就可以很好地帮助我们解决这个问题，通过较长时间的分次投入，可以平摊成本，降低大盘涨跌可能导致的风险。

2. 指数基金定投的期限要长一些

指数基金定投的期限最好设置为最少 3 年。如果以 1 年为限进行定投的话，万一投资的那一年出现像 2008 年、2015 年的股灾，那么无论进行怎样的定投都会亏损。但是如果以 3 年为限进行定投的话，比如，从 2008—2010 年，虽然在 2008 年指数下跌，但是在 2009 年和 2010 年指数上涨，3 年下来就会平摊成本，降低入场风险，可能获得相对稳定的投资收益。投资者在确定持有指数基金的期限时，需要参考该指数过往的涨跌周期进行判断，毕竟 A 股曾经出现过 10 年前、10 年后上证指数原地踏步的情况。在中国的股市环境下如果参考在美国股市环境下指数基金定投的思路，那么指数基金定投 10 年的策略不可行。

3. 指数基金适合的行情走势

在进行 10 年对赌前，巴菲特强调："在履行赌约的这 10 年内，如果股市异常疲软或异常波动，可能会促进对冲基金的表现，因为许多对冲基金持有大规模的空头仓位。相反，如果 10 年内股市带来很不寻常的高收益，那么这对指数基金是很有利的。"

巴菲特的意思是说，熊市、震荡市更适合对冲基金的表现，而牛市对指数基金比较有利。所以，如果股市进入慢牛或者单边上涨，则进行指数基金定投是不错的选择；如果出现熊市或者震荡横盘的局面，则可以转而选择优质主动型基金。

4. 主动型基金的投资策略

在基金理财这件事上（这里专指公募基金），如果你有挑选主动型基金的能力，会对基金经理进行判断，那么也不必非买指数基金，你也可以选择优秀的主动型基金进行定投。

截至 2020 年 10 月底，公募基金的数量共有 7682 只。对我们普通金融消费者来说，从几千只基金里挑选靠谱的绩优基金，可不比巴菲特所说的挑选优秀的股票容易。

因为基金的本质是集合资金，并由基金管理方代为理财投资，因此主动型基金投资策略的第一步就是先挑选值得长期持有的靠谱好基金。那么如何从海量的基金中挑选出这样的基金？专业机构挑选基金的维度多且程序复杂，而很多金融消费者只是根据收益排行榜判断并买入或者点击基金销售网页首页的推荐并买入。在这里我分享几点实用小技巧。

首先，看最大回撤率。最大回撤率，通俗来说就是统计期内出现的最大亏损。比如，在过去的一年中，年初 2 万元的投资总额在最亏的时候只剩 1.2 万元，那么这一年最大回撤率为：（2−1.2）/2×100%=40%。基金销售平台往往会公示这个最大回撤率数据，用以让我们评估这只基金未来可能出现的最大亏损有多大。最大回撤率当然越小越好，回撤率与风险成正比，回撤率大，意味着这只基金比较激进，买后可能获得强烈的坐过山车般的体验。值得提醒的是，比较多只同类型基金的最大回撤率时，只有截取同一时期的数据才有意义，且须是同类基金。直接比较债券型基金的最大回撤率和股票基金的最大回撤率就没有意义。

其次，看夏普比率。简单来讲，夏普比率就是衡量在每承担1个单位风险的情况下，获得的超越无风险收益率的超额回报是多少。也就是说，你每承担一份风险，能带来多少收益，以此来衡量这次投资值不值得。既然如此，那当然是夏普比率越高越好，因为夏普比率高，就代表投资者同样承担1个单位风险，获得的收益更高。但是，我们只能对同类型基金进行比较，如果拿股票型基金和纯债基金做对比，夏普比率就没有什么意义。且需要在同一段投资期内进行比较，这样才比较客观。

再次，判断该只基金的基金经理是否有足够长的从业时间以及丰富的经验，履历背景如何，是否穿越过熊牛市经受过市场的考验，过往管理的基金业绩排名如何。通常，这些内容、数据在各大基金评级机构都能看得到。

最后，也是最重要的部分——管住自己。正如巴菲特所说，如果自己不是一个职业投资人，那么"我会把这些钱都拿去买一只低成本指数基金。然后我会忘了这件事，继续回去工作"。注意，巴菲特强调"忘了这件事"。

美国投资家芒格说过："在我的投资生涯中，我亲眼看到投资者、投资组合管理人、咨询师以及大投资机构的成员因为频繁查看报表上的损失（短视性损失趋避）而遭受巨大的伤痛。"

如果一遇到基金下跌就忐忑不安，想止损割肉离场，而碰到涨势正好的基金就想马上追进去，追涨杀跌，那么基金市场的"韭菜"和股市

中的"韭菜"就是同一类人。最终就会出现基金赚钱了，但基民没有赚到钱的局面。在这种投资心理下，就算挑选到再好的基金也是徒劳。

所以，投资主动型基金的策略其实是没有策略——挑选好基金，低位买进去，然后忘了它。当然，一般也可以3年左右想起一次。

四、如何用最少的钱构筑财富的"护城河"

虽然国家反复为保险正名，很多一线城市陆续推出政府和商业保险公司合作的惠民保险来作为医保的补充，比如杭州就有西湖益联保，可是不能否认，还是有很多人对保险并没有什么好印象，甚至对保险业务员存在偏见，当然原因是多方面的。作为金融消费者，我们衡量金融产品、金融工具时要以是否真的对自己有用、有利来考虑。保险对我们普通人来说到底意味着什么，我相信看完以下内容你会有自己的答案。

人生中最重要的几类保险

提到保险，很多人对保险的印象就是保险业务员"拉人头"或利用人情销售，购买者买了后发现"货不对版"，于是觉得损失了金钱，浪费了时间，对保险的印象恶化。再加上之前很长一段时间内，保险业务员的素质参差不齐，存在保险销售不专业、不规范的情况，导致很多人对保险避而远之。

但是，越是存在争议的事情，我们就越要冷静面对。在这里，我们客观地认识一下保险（本章节讲述的均为国内的保险，国外保险的相关问题将在另外的章节讲述）。

为了方便大家理解，按照获益方式的不同，我把保险简单分为两大类：一类是储蓄分红型保险，另一类是保障型保险。

对于储蓄分红型保险，我们可以简单理解为：和银行一样，保险公司也希望我们把钱存入保险公司，于是设计出储蓄分红型保险，让我们购买。这样，保险公司就可以用保费进行长期投资并获取收益，然后给被保险人一些事先约定的分红，这是保险公司赚取收益的途径之一。那么，如果只是为了赚取点儿收益，我们何必把钱存在保险公司呢？存在银行买理财产品不也可以吗？所以这就涉及最关键的一点——储蓄分红型保险实际上是一种功能型金融产品，大部分购买它的人并非看中它的收益，而是看中它的法律功能。如若不然，它和银行理财产品又有什么区别？

储蓄分红型保险是保险公司设计的一种把保险功能和储蓄功能结合在一起的保险类型，如目前常见的两全寿险、养老金保险和教育金保险等。除了基本的保障功能外，它们还有储蓄功能，如果被保险人在保险期限内不出事，在约定时间，保险人会分期返还一笔钱给保险受益人，就好像每年零存保费，到期后可以整取或者零取，与银行的零存整取、零存零取相类似。如果被保险人在保障期内身故，则受益人可以得到一次性理赔的保费加分红收益。部分分红储蓄型保险还有身故抚恤金。大家可以看出来，储蓄分红型保险的保障功能较弱。

保障型保险，指的是大家常说的重疾险、医疗险、意外险、定期寿险等。被保险人一旦发生意外，意外险会进行赔付；一旦生病，医疗险和重疾险会进行赔付；突然死亡，定期寿险会进行赔付……这类保险实实在在地给生命和生活以更多保障，一般保费低、保额高。

人生中最重要的保险是什么？对普通人来说，保障型保险，尤其是以下几种保障型保险最重要。

重疾险：即重大疾病保险，是指由保险公司经办的，当被保险人出现特定重大疾病（有些也包括部分轻症和中症）如恶性肿瘤、心肌梗死、脑出血等，达到保险条款约定的重大疾病状态后，保险公司根据保险合同约定支付保险金的商业保险行为。重疾险主要为重大疾病提供保障。

医疗险：是医疗费用保险的简称，是为医疗费用提供保障的保险，也是健康保险的主要内容之一。

意外险：即人身意外伤害保险，以被保险人因遭受意外伤害而死亡、残疾为给付保险金条件的人身保险。比如，一个人走在街上遇到的飞来横祸都属于意外。有些意外险的保障范围更广，还包括意外医疗费用。

定期寿险：是指在保险合同约定的期间内，如果被保险人死亡或全残，则保险公司按照约定的保险金额给付保险金。若保险到期后被保险人健在，则保险合同自然终止，保险公司不再承担赔付责任，并且不退回保险费。定期寿险可以最大化地将因家庭支柱成员早逝或残疾而造成的经济损失降到最小，是发达的保险市场中的主流保险产品。

以上几种保障型保险是每个普通人在生活中必备的险种，费用较低，保障额度较高。除保障型保险外，大家也可以根据自己的实际情况有选择地购买储蓄分红型保险、终身寿险等。

终身寿险指的是终身人寿保险，以死亡为给付保险金条件，是一种不定期的死亡保险。终身寿险的保险合同订立后，无论被保险人何时死

亡，保险公司均应给付保险金，而不是像定期寿险那样只在一段时间内提供保障。而且终身寿险有分红收益，被保险人或受益人得到的理赔金额为保额加上分红收益。30 ~ 40 岁的被保险人的保额一般为保费的 2 ~ 3 倍，年龄越大，保额越低，越接近保费金额。

在生活中如何善用保险

首先要说明的是，"保险是骗人的"这样的说法并不成立。那些持有此观点的人大多曾被有些保险业务员利用过，当过对方业绩和佣金的"炮灰"。保险公司和银行都由中国银保监会监管。中国银保监会为国务院直属正部级事业单位，同级别的还有国家税务总局、国家市场监督管理总局，国家怎么可能用如此巨大的人力、物力监管骗子？实际上，作为一个重要的金融工具，保险是用来服务我们的。只有利用好保险这个工具，才能体现我们现代人的金融意识。

下面，我们来学习在生活中如何善用保险以获得现代化保险体系为我们提供的服务价值，而不是白白地被保险销售员"割韭菜"。我们可以通过以下这个真实案例，初步感受一下如何利用保险为自己构筑"护城河"。

现年 25 岁的小 A，家境贫寒，从一个小镇一路奋斗考上大学，之后在某个一线城市打拼。他还有个妹妹在上学，他不仅要资助妹妹完成学业，还担负着反哺原生家庭的重任。他工作勤奋踏实，得以快速地升职加薪。他每天拼命加班，赶进度、赶项目，以期获得更高的绩效和更多的年终奖。他没有时间生病，更不能停下来，因为家里人需要他。在了解了一些关于保险的知识之后，他用省吃俭用的钱为自己购买了医疗险和重疾险，并希望在自己经济宽裕后给家里人都购买相应的保险。

天有不测风云。由于长期加班，过度劳累，小 A 年纪轻轻就患了胃癌。幸好发现得早，胃癌属于早期。小 A 申请了医疗险和重疾险的理赔，并且公司也给了他疾病补助。手术后，他住院 1 个月。医生建议他出院后休养半年，同时观察病情变化。小 A 虽然因此耽误了工作，但在医疗费用方面，因为他此前购买了医疗险，所以除了社保报销的以外，余下的大部分费用都得以报销。另外，他还获得了重疾险的理赔款 50 万元。这样算下来，经历了一场大病后，小 A 手里还有 40 多万元，这笔钱可以弥补他在这半年内因为休养身体而不能上班造成的经济损失，并足够维持家用，使他得以安心养病。

而小 A 购买的重疾险是多次赔付型的，因此如果小 A 再次罹患重疾，无论是之前的胃癌转移、复发，还是新发的重疾，保险公司都会继续理赔。你以为这样的保险很贵吗？并不是。如果被保险人的年龄与小 A 相仿，购买这种 50 万元保额的重疾险的话，每年的保费只需 4000 元左右，交 20 年或者 30 年，可以保障终身。而医疗险更便宜，每年的保费仅两三百元。

试想，如果小 A 此前没有为自己购买医疗险和重疾险，那么他一旦患上胃癌，如遇到不良雇主，肯定会被立刻解雇。那样的话，小 A 不仅没有公司的疾病补助，也没有收入来源，原生家庭也无法负担他的医疗费用，他很可能因为医疗费用的问题而放弃疗效更好的方案而采取保守治疗，或者一家人到处举债或发起网上筹款以筹集医疗费。无论怎样，他和他的家庭都会承受巨大的经济压力，整个家庭会陷入更贫困的境地。即便处于手术后的休养期，他也可能因为经济压力而无法安心休养。

从这个案例可以看出，越是经济困难的人，越应该购买保障型保险。因为生不起病，花不起钱，所以我们更需要借助保障型保险的力量，用较少的保费撬动几十倍的保额，这就是保障型保险的威力。我们最起码应该购买医疗险，一年的保费几百元钱，如果当年生病，至少可以按照条款获得理赔。

我和丈夫购买房子时，像所有房奴一样，背上了银行按揭。当时我购买了一份夫妻互保的定期寿险，就是交一份保费，但是夫妻二人分别有200万元的保额，这200万元还我们的银行贷款绰绰有余。我当时是这样考虑的：万一我俩中的一人遭遇不幸身故，保险公司根据这份定期寿险保单理赔的200万元足够另一人还完房贷且安心生活。万一非常不幸我俩都身故了，保险公司理赔400万元，这笔钱也够我们的父母还完房贷，并有余钱安度晚年。你以为这样的保险很贵吗？其实不然。这份夫妻互保的定期寿险，我们两个人每年的保费合计2000多元。2000多元对于有些人来说不过是一个包的价格，但对于我来说，却是可以撬动200万元的杠杆。这就是保险保护现代人的方式。

我朋友给她的孩子买了一份简单的意外险，这份意外险还附带意外医疗险。一次，她的孩子玩滑梯时意外摔断了腿，在治疗的过程中除了孩子受了一些苦之外，一分医疗费用也没花，因为她此前购买的意外险和意外医疗险都理赔了，扣除医疗费后，居然还富余了200元。孩子爱玩儿、爱闹，在成长过程中难免发生磕磕碰碰之类的小意外。除了可能发生意外之外，孩子小时候免疫力较低，还会不时生个小病，因此家长及早为孩子购买意外险和医疗险，可以保护家长的荷包。

读到这里，如果你觉得你买的保险似乎很没有用，那你就想错了。

这个世界上没有完全无用的保险，只有不适合自己的保险。保险工具无所谓好坏，怎么利用它才是关键。

哪怕对普通人来说非必需的储蓄分红型保险和终身寿险，也有不可替代的作用。比如，有些父母担心自己的宝贝女儿遇人不淑，出嫁后受委屈，所以会在女儿婚前为女儿买好储蓄分红型保险并且缴费完毕，这笔保费就是妥妥的婚前财产。在女儿的婚姻存续期间，这份保险产生的分红可支持小两口的生活，表达了父母对小家庭的支持；万一女儿发生婚变，保单依然归属于女儿，不会产生财产纠纷。所以，无论是嫁女儿还是娶儿媳，利用这样的保险产品做理财，既保护了孩子，也不伤和气，还可以真正做到财产保全。

而终身寿险呢？它更是一种被很多人误解很深的保险险种。许多人认为购买这种保险的话，只有被保险人身故后才能拿到保险金，被保险人活着的时候见不到保险金，保费花得太冤枉了。

其实，许多人购买这类保险产品的目的就是确保在自己身故后，保险的受益人可以确定地获得这份保险的保险金，避免发生财产纠纷。这就好比老王有三个孩子，他比较偏爱老三，而且担心在自己身故后其他两个孩子在财产方面苛待老三，于是老王偷偷给自己买了一份大额资金的终身寿险，受益人为老三。果不其然，老王身故后，孩子们开始争夺遗产。但是老王这份受益人为老三的终身寿险的保险金谁也夺不走，安安稳稳地归属于老三。因为寿险有明确的受益人，因此这笔保险金就成为受益人的合法财产，不能作为遗产进行分割。

从上述例子可以看出，被有些人认为没用的保险，在另一些人手中就产生了实实在在的用处，是非常实用的工具。

市场上关于保险的几种销售误导

我既是金融从业人员，也是金融消费者，和大家一样，我也经常面对各类保险业务员。结合身边的案例，我讲述一下常见的、可能给大家带来决策失误的销售误导。

误导一：疾病都保

这大概是最常见的一种销售误导，使得很多人以为只要买了重疾险、医疗险，发生任何疾病都可以找保险公司理赔。实际情况并非如此。

保险条款对于理赔的疾病种类、某种疾病的理赔条件说得非常详尽。以溶血性尿毒综合征为例，保险条款中先说明该疾病的定义："溶血性尿毒综合征，一种由于感染导致的急性综合征，引起红细胞溶血、肾功能衰竭及尿毒症。"然后说明理赔条件："溶血性尿毒综合征必须由血液和肾脏专科医师诊断，并且符合下列所有条件：①实验室检查确认有溶血性贫血、血尿、尿毒症、血小板减少性紫癜；②因肾脏功能衰竭实施了肾脏透析治疗。"严格来说，被保险人所患疾病必须达到所列明的条件，保险公司才能进行理赔。关于这一点，并非个别保险公司如此，所有保险公司的重疾险都对疾病种类和理赔条件做了明确规定，只是不同保险公司在某些疾病的理赔条件方面的宽松程度略有不同。这并非诓骗消费者，而是和我们为汽车买了车险后，汽车因发生事故而去维修店定损一样，定损不同，理赔金额就不同。我们患了疾病，也需要去医院"定损"，因不同的损伤程度获得不同的理赔。因此，对于这些疾病的规定，也是为了便于医院"定损"和保险公司理赔。

另外，保险条款对于理赔的疾病种类、某种疾病的理赔条件说得非常详尽也是为了避免骗保行为。比如，上文列明的溶血性尿毒综合征，万一有人声称自己得了此病，但没有任何相关证据也获得理赔，那岂不是人人都可以自称癌症来获得保险赔付？因此，理赔条件是为防止骗保而设计的，不要担心这些疾病的理赔条件看上去很苛刻。如果真得了这些疾病，临床有这些症状，被保险人将真实情况提供给保险公司即可。当然，万一被保险人的症状没有达到理赔条件，保险公司就不会理赔，因此这也是投保人需要承担的风险。另外，重疾险产品对重疾、轻症和中症（如有的话）都会做规定和定义，对任何没有出现在合同说明中的疾病，保险公司通常都不会进行理赔。尤其要注意的是，所有的重疾险都不理赔所有的轻症，这意味着对于某些轻症，保险公司是不会理赔的。因此，并不是被保险人患任何疾病，保险公司都会理赔。

好在银保监会强制规定了保险公司的重疾险必须包括的疾病种类，再加上现在保险公司之间竞争激烈，常见的、不常见的重疾基本都在保险理赔范围内。但天有不测风云，也不排除的确可能有人罹患之前没出现过的疾病，比如新冠肺炎，保险公司通常会紧急做出临时处理方案。

被保险人如果患了重疾险中所列疾病之外的疾病，保险公司不会理赔。另外，被保险人如果在投保前已经患了影响核保结果却没有告知保险公司的疾病，在正常情况下，保险公司也不会理赔。购买重疾险时，哪怕只是智能核保，保单生效后，对于被保险人投保前已患的重大疾病，保险公司也可以不理赔。

误导二：意外都保

我们常听到有人在进行危险活动，如蹦极、攀岩、摩托飞车等时

信心十足地说"没事儿，我买了保险"。他们所说的保险指的是意外险。但很可惜，被保险人进行的上述活动不在国内意外险的承保范围。以下是常规意外险中的一些免责条款，很多意外险的免责条款包括但不限于：

（1）投保人对被保险人的故意杀害、故意伤害。

（2）被保险人故意犯罪或者抗拒依法采取的刑事强制措施。

（3）被保险人自本合同生效日或者最后复效日（以较迟者为准）起2年内自杀，但被保险人自杀时为无民事行为能力人的除外。

（4）被保险人醉酒，斗殴，故意自伤，服用、吸食或注射毒品。

（5）被保险人酒后驾驶，无合法有效驾驶证驾驶，或驾驶无有效行驶证的机动车。

（6）被保险人接受包括美容、整容、整形手术在内的任何医疗行为。

（7）被保险人因食物中毒、整容、药物过敏、医疗事故或精神和行为障碍（依照世界卫生组织《疾病和有关健康问题的国际统计分类（ICD-10）》确定）导致的伤害。

（8）被保险人因妊娠、流产、分娩导致的伤害。

（9）被保险人未遵医嘱，私自服用、涂用、注射药物。

（10）被保险人从事高风险运动，包括但不限于潜水、跳伞、攀岩、探险、蹦极、飞行、驾驶滑翔机或滑翔伞、武术比赛、摔跤、特技表演、赛马、赛车等。

（11）战争、军事冲突、暴乱或武装叛乱。

（12）核爆炸、核辐射或核污染。

被保险人因上述第（1）项情形伤残或身故的，保险公司向其他权利人退还本合同的现金价值，本合同终止；被保险人因上述除第（1）项之外的其他情形伤残或身故的，保险公司向投保人退还本合同的现金价值，本合同终止。

很多人看了上述免责条款后可能会大吃一惊：交了这么多年意外险的保费，却没想到有这么多免赔条件！所以，不要听信保险业务员说的"什么都保"，否则保险公司拒绝理赔时你一定会说"上当受骗了"。

误导三：不如实告知没事，过了两年不可抗辩期后都能赔

很多人在这方面吃过亏，比如购买了重疾险，申请理赔时保险公司却拒赔，原因是被保险人之前就患有某类疾病未愈或者发生过重大健康事故，但投保时未如实告知保险公司，导致保险公司以不诚信为由拒赔。

国内重疾险秉持的是有限告知的原则，通俗来说就是投保人在回答和填写"个人健康状况告知书"中有关被保险人的健康问题时，要如实告知。"个人健康状况告知书"中没提到的问题，可以不用告知，不影响核保和后期理赔。如果投保人未做到如实告知，或心存侥幸，填写告知书时存在诚信问题，那么申请理赔时保险公司可能拒赔。

但是，很多人的确有如实告知的意识，为什么申请理赔时还是会出现拒赔和纠纷呢？因为很多人投保时被保险业务员误导或错误地理解保险中"两年不可抗辩"条款，认为不管自己是否如实告知，只要过了两年，保险公司就会无条件理赔。这是大错特错的想法。但是依然有太多的保险业务员如此这般地误导客户，毕竟这样更有利于销售保险。

实际上，法律条文在重疾险方面的实践是这样的：如果投保人不履行如实告知义务，保险公司的确不能解除保险合同，但是该不理赔的还是不会理赔。这里不理赔的情况包括：投保人未如实告知被保险人在投

保前所患的疾病及相关疾病。一定会有读者朋友说他身边的 ××× 当时没有告知但是也理赔了，这种情况往往可能是当时不告知的疾病本身就不影响核保，因此哪怕不告知，理赔的时候也可以理赔；或者那是保险公司理赔特例，没有参考意义。

所以，我们一定不要在自己的健康和实际利益方面去冒险，不要和保险公司博弈。

挑选保险产品的基本逻辑

从中国银行保险监督管理委员会官网网站查询得知，截至 2019 年，内地的人寿保险公司有 71 家之多。要在这么多保险公司和海量的保险产品中选择适合自己的保险真的需要花费一番工夫。我建议大家把专业的事情交给专业的人去做，有些保险业务员的确非常专业。我在这里也为大家提供一些挑选保险产品的基本逻辑。

1. **优先配置保障型保险，再配置储蓄分红型保险**

看过之前的内容，我们应该很容易理解这个挑选逻辑。保障型保险保费便宜，保额高，在被保险人遭遇疾病、意外、身故时，家庭可以获得一笔及时的高额赔偿来渡过难关。而储蓄分红型保险则没有以上这些保障，即使对于被保险人身故的理赔，也仅仅是保费和分红，或部分产品可能有身故抚恤金。保障型保险更实用，在时间成本和资金成本都比较紧张的情况下，我们要优先配置保障型保险，再考虑是否需要配置储蓄分红型保险。

2. **优先为家里的经济支柱配置保险**

很多人配置保险的思路是孩子和老人更弱小，应该优先为其配置保险，以防不测。实际上恰好相反，保险配置的优先顺序应该以被保险人对家庭经济贡献的原则来决定，要为家庭的经济支柱优先配置保障型保险，因为一旦家庭经济支柱生病，不但需要用既有资金去治病，还会导致家庭的经济来源减少，使家庭更加脆弱。而如果是孩子或者老人生病，家庭的经济支柱依然可以继续赚钱为其治病。

3. 配置保障型保险时，条款好的优先；配置储蓄分红型保险或终身寿险时，大型、老牌保险公司优先

我在前文中列举的保险产品，以及给自己配置的定期寿险之所以便宜，是因为对保障型保险而言，我看中的是合同条款是否更有利于客户，而非保险公司是否大型、老牌，因为保障型保险没有分红，理赔时会严格按照保险合同约定履行，而且保险合同大部分内容为标准文本，各家的合同其实都差不多。另外，我们也不用担心非老牌保险公司倒闭，因为即便保险公司真倒闭了，监管机构也会安排接管方接管我们的保障型保险的保单，接管方会按监管要求继续履行赔付责任。

但是，储蓄分红型保险或终身寿险就不一样了。这些险种有各种名目的分红，需要保险公司运作保险资金以获得更好的投资回报。如果保险公司投资能力差或经营不稳定，就会导致投资和分红情况不稳定，几十年下来，对保单的收益影响会特别大。另外，如果保险公司倒闭，对于保费、写入合同的保证收益部分，以及终身寿险的固定保额，接管方会继续履约，但浮动分红部分不会保证履约，因为毕竟没写入合同。因为浮动分红与保险公司的投资能力、经营稳定性有关，所以股东实力、投资能力都很强的保险公司更不容易出现经营不稳定或者倒闭的情况。

香港保险和内地保险哪个好

对于香港保险和内地保险哪个好这个问题，我们既不要偏听某些人鼓吹香港保险（以下简称"港险"）多么好，也不要偏信某些人说港险多么不靠谱。内地保险和港险可以进行优势互补，二者并不矛盾。

以常见的重疾险为例。很多人说港险的保费比内地保险的便宜，其实，现在保费的差距并不是很大。港险的重疾险之所以使人觉得便宜，主要在于港险的重疾险有分红，而内地的重疾险没有分红，有分红的港险几十年后的保额可能会是内地重疾险的好几倍，而内地重疾险在几十年后的保额却不会增加一分钱。港险的重疾险的分红率约相当于内地的养老险。另外，港险的重疾险的首个 10 ~ 15 年有赠送保额，赠送的保额甚至高达基础保额的 60%。比如原本是 10 万美元的基础保额，实际上首个 10 年的保额为 15 万 ~ 16 万美元。

所以港险的重疾险一定比内地的重疾险有优势？那也不一定。

很多人并不知道大部分港险的重疾险的轻症是占用重疾险保额的，但是内地的重疾险的轻症不占用重疾险保额，是分开理赔的。怎么理解呢？以 50 万元保额的港险的重疾险为例，如果先对被保险人的轻症赔付了 10 万元，那么下次被保险人患重疾的话，理赔金额是：保额 50 万元减去 10 万元，然后加上分红。当然，现在已经有一两家港险的重疾险对轻症进行理赔时是参照内地保险的，轻症理赔可以有条件地不占用重疾险的保额。

我们一般得轻症的概率高还是重疾的概率高？当然是轻症。所以，这么来说，还是内地的重疾险好？别急，接着看。

对于癌症方面的理赔，区别有点儿大。港险对于癌症的理赔间隔是 3 年，还有些缩短到 1 年甚至 0 年间隔，可持续理赔。在这方面，内地保险的重疾险分两派：一派对于癌症的理赔间隔期是 5 年；另一派对于癌症的理赔间隔期是 3 年，甚至新癌之间的间隔期是 1 年。

对于癌症理赔，当然是理赔间隔期更短的好，万一癌症复发，但过 5 年才能理赔，谁愿意拿命等？当然未来保险公司的理赔间隔期以实际情况为准。

而在理赔速度方面，内地保险的理赔速度的确更快，毕竟被保险人和保险公司都在内地，沟通会比较顺畅。港险的理赔速度有时比较慢，等一两个月都有可能，毕竟理赔员调研不方便。不要轻信某些港险营销软文说的"7 天内理赔到账"，因为实际上很难，而且理赔的是港元或者美元，往往还需要自己结汇。

所以，二者各有优劣，要看每个人的取舍原则。客观地说，二者都是提供保障，资金充裕的人完全可以两者都买。至于很多港险的业务员盲目美化港险，或者内地保险的业务员曲解、抹黑港险，对我们来说都没有意义，我们作为消费者，应当保持理性。

五、当你有钱后，如何理财

现在网上流传这样一句话："富豪死于信托。"其实，这从某种程度上表明很多人对信托毫不了解。当我们的财富达到一定的体量，自然要开启更多的理财大门，信托就是其中的一扇。

信托理财及"刚性兑付"

信托与银行、保险、证券一起构成了现代金融体系，信托在我国金融行业的地位举足轻重，也由中国银保监会监管。自2003年以来，信托业一路高歌猛进，在2018年9月信托业资产规模高达23.14万亿元，稳居资管行业第二位（第一位是银行理财，据普益标准测算，2018年6月银行理财存续规模约为29万亿元），成为金融市场中一支重要的力量。

我们通常所说的信托指的是信托理财。信托理财是一种财产管理制度，它的核心和宗旨是"得人之信，受人之托，履人之嘱，代人理财"。通常，信托理财指委托人基于对受托人的信任，将财产权委托给受托人，受托人按委托人的意愿以自己的名义为受益人的利益或者特定目的对财产进行管理或者处置的行为。

在信托理财关系中有三个当事人，包括委托人（设立信托或者购买信托份额的人，是具有完全民事行为能力的自然人、法人或者依法成立的其他组织）、受托人（信托公司）和受益人（出资一方委托信托人进行信托理财的最终受益者）。

如果仅从理财角度来说，我们可以将其简单理解为：我们把钱交给信托公司，让信托公司拿我们的钱去赚钱，最终把本金和收益给受益人。信托理财的操作方式类似于基金理财时投资人把资金交给基金管理人，由基金管理人对资金进行投资和管理，然后把本金和收益给基金投资人的操作方式。

接下来我们来了解一下中国信托的发展史，以便对信托理财有更深的理解。

1911 年 10 月，信托业和信托制度被引入中国。1979 年，我国出现第一家信托公司——中国国际信托投资公司。但是在当时，信托依然属于新鲜事物，发展并不顺利。后来，信托公司的数量膨胀式增长，数量最多时达上千家。随着数量的增长，问题也层出不穷，在这个背景下，1982—2007 年，信托行业经历了 6 次整顿。

第一次整顿：1982 年，鉴于全国各类信托机构达 620 多家，盲目发展，第一次整顿开始，要求信托投资业务全部由银行来办，地方信托公司一律停办。

第二次整顿：1985 年，鉴于 1984 年信托业发展导致经济过热与信贷规模失控，暂停办理新的信托贷款和投资业务，对存贷款加以清理。

第三次整顿：1988 年，信托公司随经济过热膨胀，最多时约有 700 家，于是国家进行第三次清理整顿，停止信托贷款、投资和拆出资金业

务，大量撤并机构，到 1990 年，信托公司锐减到 339 家。

第四次整顿：1995 年，鉴于信托公司盲目拆借资金，超规模发放贷款，以及投资炒作房地产和股票，信托业进行第四次整顿。到 1996 年底，全国具有独立法人地位的信托公司变为 244 家。

第五次整顿：1999 年，通过整顿实现信托业、银行业、证券业严格的分业经营、分业管理。这次整顿于 2001 年基本结束，只保留了约 60 家信托公司。

第六次整顿：2007 年，对信托业实施分类监管，信托公司或立即更换金融牌照，或进入过渡期，最终剩下 68 家信托公司。

以上是历史上 6 次较大的信托业整顿，但是随着 2018 年《资管新规》的下发，尚未见监管部门对信托行业的大幅整顿动作，目前数量依然保持 68 家。不过越秀集团重组广州国投的工作即将完成，重组后或拿下第 69 家信托牌照。

在这 6 次整顿行动中，不得不提一项重大的整顿举措——对虚假宣传"保本保息"行为的整顿。

当时有些信托公司为了吸纳市场上的投资人，纷纷打出"收益更高"的幌子并承诺"保本保收益"，骗取投资者的信任，没有披露真实信息，违规开展信托业务。很多老百姓风险意识淡薄，不关心融资方的情况、资金运作和风险防范措施等，被这样的承诺诱惑、误导，稀里糊涂地投资，最终血本无归。当时信托公司间发生过许多恶性竞争，许多投资人损失惨重，有些信托公司甚至破产。

于是，2004 年 12 月，中国银保监会下发了《严禁信托投资公司信托业务承诺保底的通知》。

　　了解了信托业的发展，我们会发现：其实早在 2004 年，监管机构就已经定下信托产品不允许承诺保本保息的主基调。此后市场上无论出现怎样的可签署"保本协议"的信托投资产品，实际上其协议均为无效协议、违规协议，但很多投资人不知道这一点，认为"保本协议"是一种保障措施。

　　既然如此，为何此后我们依然在市场上听闻信托有"刚性兑付"一说呢？何为"刚性兑付"？

　　"刚性兑付"一词最早出现在信托业中，指的是信托集合融资类理财产品到期后，信托公司必须为投资者分配投资本金以及预期的收益，而一旦信托资产出现风险、没有足够的现金价值时，信托公司自行进行兜底处理，包括使用信托公司自有资金或信托公司关联方资金垫付。"刚性兑付"一度成为信托行业的潜规则，在 2015 年以前，没有任何一只信托理财产品出现违约情况，因其安全性及稳健的收益，信托理财产品当时被视为投资界的神奇存在。投资者享受着远高于银行储蓄的收益——当时是 8% ~ 12% 的固定年化收益，却并未承担相应的投资风险。

　　信托公司为何要抱团实施"刚性兑付"？

　　在国内信托业起步初期，其由于野蛮生长而背负骂名，投资人难以信任信托理财，信托理财业务揽客困难。因此，信托公司只能依赖"刚性兑付"手段确保投资者拥有"高收益、零风险"，促进信托理财产品销售。随着时间的推移，信托公司累积了一部分高净值客户，这时候如果信托理财产品到期不能兑付，不仅可能导致发行公司声誉受损，还可能影响信托业在金融市场的整体竞争力，使以前的努力前功尽弃，因此，诸多信托公司只得默默遵守"刚性兑付"的潜规则，不敢也不愿做

打破"刚性兑付"第一人。

而且，还有个不得不提的政策原因，银保监会在2004年发布的91号文件——《关于进一步规范集合资金信托业务有关问题的通知》，明确规定对于有集合产品到期不能兑付的信托公司，银保监会可以基于"风险管理失当"原则对信托公司进行行政处罚，包括暂停甚至取消业务资格。这使得信托公司为求自保，不得不采取各种办法保证产品如期兑付，以免关门歇业。信托业为了抱团，成立了非政府性行业互助资金——信托业保障基金，用于化解信托业风险，也就是一旦某家信托公司出现无力兜底的情况，可以借助信托业保障基金救急。

信托的类型及信托理财方式

现在，我们来了解市场上有哪些信托类型和信托理财方式。

信托的类型非常多，按照信托资产投向不同可分为7类：工商企业类信托、基础设施类信托、房地产类信托、公益类信托、证券投资类信托、银信理财合作类信托和家族信托。

（1）工商企业类信托。工商企业类信托是指信托公司接受委托人委托，将信托资金用于向从事产品生产和提供服务的企业提供流动资金、项目建设资金、并购资金等，为委托人获取收益。工商企业信托可采用股权投资、权益投资、证券投资、组合投资、信托贷款等多种投资方式，最终使资金投向企业，帮助企业发展壮大和渡过难关。

（2）基础设施类信托。基础设施类信托是指信托公司接受委托人委托，将信托资金用于交通、通信、能源、市政、环境保护等基础设施项目，为受益人获取收益。基础设施类信托的资金投向国家的基础设施建设（如修路、架桥、建公园等）。比如，全国第一个集合资金信托计划——"上海外环隧道项目资金信托计划"就属于基础设施类信托。

（3）房地产类信托。房地产类信托是指信托公司接受投资人委托，以房地产项目或其经营企业为主要投资标的，对信托财产进行管理、运用，为委托人获取收益。房地产类信托的资金投向房地产企业，用于建房、修房或卖房，或者用于房地产企业的日常资金流动性支持。比如，国内第一个房地产资金信托——"新上海国际大厦项目资金信托计划"即为房地产类信托。

（4）公益类信托。公益类信托也常被称为慈善信托，是指出于对公共利益的目的，为使全体社会公众或者一定范围内的社会公众受益而设立的信托。通常由委托人提供一定的资金交由受托人管理，受托人将资金用于信托合同规定的公益目的。公益类信托的资金投向信托合同中约定的需要帮助的人群。

（5）证券投资类信托。证券投资类信托是指受托人将信托计划或者单独管理的信托产品项下的资金投资于依法公开发行并在符合法律规定的交易场所公开交易的证券的经营行为。证券投资类信托的资金最后投向股票、债券、期货等证券二级市场。

（6）银信理财合作类信托。银信理财合作类信托是指银行通过发行理财产品募集的资金与信托产品对接，也就是银行将理财资金交付信托公司管理或者将理财资金用于购买信托产品。

（7）家族信托。家族信托是指信托公司受个人或家族的委托，代为管理、处置家庭财产的财产管理方式，以实现委托人家族的理财规划及

传承目标。也就是说，个人或家族把资产委托给信托公司打理，按照委托人和信托公司共同拟定的信托文件进行投资、分配收益或传承，以实现家族财富的延续。

除此之外，信托还有其他以下几种分类方式。

（1）按信托关系的建立方式分为：任意信托和法定信托。

（2）按委托人或受托人的性质不同分为：法人信托和个人信托。

（3）按受益对象的不同分为：私益信托和公益信托。

（4）按受益对象是否是委托人分为：自益信托和他益信托。

（5）按信托事项的性质不同分为：商事信托和民事信托。

（6）按信托目的不同分为：担保信托、管理与处理信托。

（7）按信托涉及的地域分为：国内信托和国际信托。

（8）按信托财产的不同分为：资金信托、动产信托、不动产信托和其他财产信托等。

（9）按委托人数量的不同分为：单一信托和集合信托。

（10）按信托资金的投向分为：证券投资类信托、贷款类信托、股权投资类信托、权益投资类信托和组合运用类信托等。

（11）按募集方式分为：私募类信托和公募类信托。

值得提醒的是，2019 年银保监会信托部制定《信托公司资金信托管理办法》（下称《办法》）时进行了内部征求意见。该《办法》明确提出，信托产品包括公募与私募，可以面向不特定社会公众发行公募信托产品，公募信托产品的认购起点为 1 万元，预计公募信托将选择 2 ～ 3 家信托机构先行试点。所以，公募类信托实际上是还在筹备落地中的新鲜事儿。

　　通常，我们作为投资者常接触到的信托类型主要有：按照信托资产投向进行分类的工商企业类信托、基础设施类信托、房地产类信托、公益类信托、证券投资类信托、银信理财合作类信托、家族信托，以及按委托人数量分类的单一信托和集合信托。

　　单一信托，即委托人单一，往往是单个自然人或者法人，单笔资金量巨大，至少上千万。单一信托计划往往是委托人主动找信托公司，按照委托人自身的意愿确定投资期限和方向，委托人占据了较大的主动作用。比较常见的单一信托计划就是银信合作项目。银行主动找信托公司，把单一资金委托给信托然后指定贷给某些企业，信托在这里只起到通道的作用。因此，单一信托并不在之前所说的"刚性兑付"的信托类型之列。投资人认购信托产品时，需了解该产品是单一信托，还是集合信托。除了银信合作项目外，单一信托产品还可能将资金专门对接给某企业，这也不在"刚性兑付"之列。

　　集合信托，即委托人为多个自然人或者多个法人。集合信托本身的特性就是集合多个投资者的资金，信托公司对其进行统一管理和运作。虽然对单个投资者也有门槛限制，但门槛并非高不可攀，这样，大量的社会投资者才可能参与。投资者对信托公司拟定的信托合同或者其他信托文件不能提出修改意见，只能在全盘接受和拒绝之间做出选择。比如，"上海外环隧道项目资金信托计划"就属于基础设施类集合信托，"新上海国际大厦项目资金信托计划"就属于房地产类集合信托。

　　我们先来看这个具有特殊意义的信托产品——"上海外环隧道项目资金信托计划"。

　　2001 年 4 月 28 日，《中华人民共和国信托法》公布；2002 年 6 月 5

日，银保监会公布《信托投资公司管理办法》；同年 7 月 18 日，《信托投资公司资金信托管理暂行办法》正式实施；同日，上海爱建信托推出全国第一个集合资金信托计划——"上海外环隧道项目资金信托计划"。原本预计一个月才能卖完的 5.5 亿元资金信托计划，只用了一个星期就被认购一空。自此，中国信托业开始步入"受人之托，代人理财"本源业务的坦途。

通过这个信托计划，个人投资者第一次发现，通过购买信托产品也可以参与政府的重大项目，分享投资收益。这个信托产品的发行，标志着信托行业迎来了真正意义上的"春天"。

"上海外环隧道项目资金信托计划"就是一个典型的信托公司自主、主动管理的集合类信托理财计划。该信托计划的信托期限为 3 年。虽然不得承诺信托最低收益，但当时该信托计划预计可获得 5% 的年平均收益率。

许多人可能会不解当时为何用"计划"这样的词语来描述集合资金信托，这是因为此前这样的信托产品没有参照物，按照规定又不能叫作"信托凭证"或是"信托债券"，于是，当时使用了不会引起歧义的"计划"一词。

投资者购买"上海外环隧道项目资金信托计划"时需要签订合同，但当时发行这个新类型的信托产品前并没有规范的合同文本。于是爱建信托就和上海锦天城律师事务所的律师没有参考国外的合同，共同起草了一份中国特色的合同。后来，其他信托公司发行集合资金信托产品时也沿用"计划"这个称呼，文本也都仿照"上海外环隧道项目资金信托计划"的合同文本。

紧接着上海国际信托投资有限公司推出了国内第一个房地产类信

托——"新上海国际大厦项目资金信托计划"。该信托计划发售时，同样出现排长队的场面，10 天内 2.3 亿元销售一空。此后，其他城市的信托公司纷纷前往爱建信托公司进行调研，集合资金信托计划发行的品种也越来越多，涉及房地产、股权、金融、工矿企业、基础设施及教育行业等，集合资金信托计划成为当时信托公司利润的主要来源。

据不完全统计，从 2002 年至 2008 年，全国的信托公司共发行了3000 多只集合资金信托计划，发行规模接近 4000 亿元，发行规模增长了 700 多倍。集合资金信托计划是所有信托类型中的主力，我们生活中接触的大多数信托产品往往都属于集合资金信托计划。

信托理财适宜的人群

通常我们说的信托理财一般指的是集合信托理财，就是信托公司集合多个投资者的资金，进行统一管理、运作，大量的社会投资者可以参与，被广大高净值客户所熟悉。

集合信托理财产品 100 万元起投，所以被称为"金融理财界的高富帅"。为什么这么说呢？毕竟在中国的大多数城市里，拥有 100 万元资产的人或许很多，但是能以 100 万元以上的现金做投资的人则较少，所以，这样的人是每个金融机构心中的优质客户。

其实，早些时候信托理财的门槛并没有这么高。在 2001 年的时候，根据相关规定，信托公司作为受托人，接受委托人的资金信托合同不得超过 200 份，每份合同金额不得低于人民币 5 万元，这是集合资金信托计划最初的门槛设定，与现在银行理财产品的门槛相当。2007 年新的《信托公司集合资金信托计划管理办法》实施后，合格投资人变成投资

一个信托计划的最低金额不少于 100 万元人民币，或者其他能够提供相关财产及收入证明的自然人或法人。

信托公司大多脱胎于银行，虽然没有银行的网点资源，但业务模式与银行的信贷业务高度相似，甚至在客户来源上一度依赖于银行。为了避免双方发生冲突，并减少同质化竞争，监管机构要求信托公司只做高净值客户的业务，规定一个集合信托计划中投资金额为 100 万～300 万元的自然人人数不得超过 50 个，但单笔委托金额在 300 万元以上的则不受限制。

设置 100 万元这个投资门槛，不是为了限制投资者，恰恰是为了保护投资者，为了提高信托行业整体客户群的风险承受能力。一般来说，成熟的投资者风险识别能力更强，风险承受能力也更强。"成熟"作为一个定性的标准，很难界定，但是，资金量却是一个可以定量的标准。简单来说，有 100 万元现金可以进行投资的人，其拥有的不动产资产、其他金融资产的价值可能是 100 万元的好几倍，万一投资的信托产品遭遇不可测风险，其生活也能得到保障。

结合 2007 年开始施行的《信托公司集合资金信托计划管理办法》（以下简称《管理办法》）以及 2018 年发布的《资管新规》，投资人如欲投资集合信托理财产品，其金融资产必须满足以下任意一个条件：

（1）具有 2 年以上投资经历，且满足以下条件之一：①家庭金融净资产不低于 300 万元；②家庭金融资产不低于 500 万元；③近 3 年本人年均收入不低于 40 万元。

（2）最近 1 年末净资产不低于 1000 万元的法人单位。

（3）金融管理部门视为合格投资者的其他情形。

如果投资人满足以上条件，原则上即可成为集合信托理财产品的合格投资人。但目前市场上有些投资人并未达到合格投资者标准，常多人集资拼凑资金以达到投资门槛，伪造合格投资者证明，这些都是不合规的认购行为，一旦被查出，认购行为会被视为无效，而当事的信托公司也将面临惩罚。

更何况，信托的分类很多，并非所有集合信托计划均可实现稳健、固定的理财收益。比如，证券投资类信托就是浮动收益类投资产品，投资于依法公开发行并在符合法律规定的交易场所公开交易股票、债券、期货等证券二级市场，投资人需盈亏自负；股权类信托计划用于投资符合信托评估标准的股权，也是浮动不保本的投资产品，如果没有达到合格投资者的要求却集资认购，一旦亏损，不合格投资人不一定具备相应的风险承受能力。

家族信托——高净值人群财富管理的最高级形态

家族信托不是特定的某种理财产品，而是一种财产服务形式，一种法律服务框架。信托机构受个人或家族的委托，代为管理、处置家庭财产，以实现其财富规划及传承的目标。

说起家族信托，最有名的恐怕是香港某著名女星生前设立的家族信托。该女星在离世前，考虑到母亲不善理财且有挥霍的习惯，而且家中兄长和姐姐均无理财能力，因此最后以家人为受益人设立了一个家族信托。在这个家族信托中，香港某信托公司作为受托人，女星的母亲和侄子、侄女作为受益人。信托财产主要为现金，也包括一些不动产、股票和金融资产，家族信托每个月给付女星母亲7万港元生活费，维持其一

名司机和两名工人的生活，直至终身。在女星母亲去世后，剩余遗产会被捐赠。

这件事展现了家族信托在保护委托人的财产方面具有很高的信赖度，使人们看到了家族信托"受人之托，忠人之事"，给整个信托行业以极大信心。

那么，为什么家族信托能做到对委托人的财产如此保护？

家族信托的法律本质是资产三权分立，即委托人财产的所有权、管理权和收益权通过家族信托的法律框架设立，分属三方，其中所有权归信托公司，管理权分属委托人指定的管理方，而收益权分属委托人指定的收益人。正因为所有权与收益权分离，委托人一旦将资产委托信托公司进行管理，该资产的所有权就不再归委托人本人，但相应的收益依然根据他的意愿收取和分配。委托人即便离婚、意外死亡或被人追债，这笔财产都将独立存在，不受任何影响，也不会被征收遗产税。

家族信托能够更好地帮助高净值人群规划财富传承，可以说是高净值人群财富管理的最高级形态。

家族信托的设立门槛、期限以及收益分别是怎样的呢？

根据银保监会的规定，国内的家族信托的门槛设定为1000万元，以管理现金类为主。

家族信托的期限可以由委托人自由设置。美国石油大亨洛克菲勒的家族从1934年开始为后人设立了一系列家族信托，资产由专业机构管理，不受继承人直接控制和影响，时至今日，洛克菲勒家族的家族信托依然在正常运作。

每个家族信托的管理并非标准化的流水线操作，信托公司不设置预期年化收益率，也不规定投资项目，而是完全根据委托人的意志定制和规划家族信托，包括资金投向、预期回报、收益分配以及其他个性化设置，并充分保密。

信托理财和银行理财的区别

在之前讲银行理财的章节中，我们了解到银行也可能代销信托产品，可以充实自己的产品库，更好地为高净值客户服务。但我们在这里所说的银行理财，专指银行自主发行的理财产品，不包括银行代销的理财产品。

有些人说："买银行理财产品不如买信托理财产品，因为银行常常把我们放在银行的理财资金用于购买信托产品了。"

那么，这种说法对不对呢？

我们先来看看银行和信托公司的关系。

首先，二者都是现代金融体系中不可或缺的重要支柱，都受中国银保监会监管，理财产品的设计和资产投向都需要遵守国家监管部门的规定。

2020年3月20日，中国信托业协会发布2019年四季度信托业数据，截至2019年四季度末，全国68家信托公司受托资产规模为21.6万亿元，而同期截至2019年四季度全国银行理财产品，存续规模估计为20.89万亿元（数据来源：普益标准发布2019年四季度银行理财能力排名报告），从数据可以看出，在资产管理规模上，二者齐头并进，旗鼓相当。

我们已经知道银行会代销信托产品，而信托公司的信托计划的资金也会按照监管要求在银行托管，同时银行收取托管费。信托产品的资金

在投出去之前也常放在银行做活期存款，或者放在银行进行一些短期理财，还有以前比较常见的银信合作。总之，银行和信托的合作体现在银信理财、私人银行、银信同业、银信代销和托管清算等诸多方面。

而银行理财和信托理财的区别则主要体现在以下几个方面。

1. 发行主体不同

信托理财产品由信托公司发行，而银行理财产品由银行发行。

我们知道银行既有民营银行也有国有银行，且国家允许银行倒闭，且有倒闭先例。银行倒闭的话，根据银行存款保险制度，最高赔付额为50万元/人，理财产品不计入理赔范围。

作为中国金融业支柱行业之一的信托业，自1979年至今，历经数次整顿，信托公司已从20世纪80年代的700多家减至现在的68家，其中53家信托公司由国企控制（占比约78%），而53家中的25家由中央政府（包括部委）控制，其余28家由地方政府控制。民营企业作为实际控制人的信托公司有10余家。由此可见，信托公司以国资为绝对主导。

2. 投资门槛不同

2018年，银保监会正式下发《商业银行理财业务监督管理办法》，将公募理财产品的投资门槛由此前的不低于5万元大幅降至不低于1万元。

而信托集合理财计划的门槛，前文讲到至少100万元起投。只是在2019年银保监会信托部制定的《信托公司资金信托管理办法》中明确提出，信托产品包括公募与私募，可以面向不特定社会公众发行公募信托产品，内部征求意见将公募信托产品的认购起点定在1万元，与同属公募性质的银行理财投资门槛一致。不过，对于此，目前还没有定论。

所以，银行理财的客户既包括普通大众也包括高净值人群，而集合信托理财计划的投资人只能是符合要求的合格投资人。

3. 募集方式不同

银行理财以公募的方式募集资金，可以公开募集、公开发行、公开宣传；而信托理财（公募信托除外）必须严格按照监管要求，按照私募的方式募集资金，不可以公开发行、公开募集、公开宣传，甚至在朋友圈公开也是不合规的，原则上只有合格投资人才可以获取产品资料。

这就是为什么很多低收入人群很少听到或者看到信托理财产品的推介，因为这些集合信托理财计划都是非公开发行，没有达到某种财富体量就没有入场券。

4. 投资收益不同

银行理财产品的预期收益率大多在 4% ~ 6%。

信托理财产品中的固收类理财产品的预期平均年化收益率在 2015 年以前高达 10% ~ 12%，其间经过了数次收益下调，目前收益率一般在 7% ~ 9%；至于信托理财产品中的非固收类理财产品，如证券投资计划、股权投资计划等，投资回报率因市场行情而浮动。

市场资金流动性充裕与否是影响固收类理财产品收益的重要因素。市场资金充足，对理财产品资金的需求降低，理财产品的收益自然会下降。所以，一旦央行降准，向市场释放流动资金，整个市场固收类理财产品的收益就会应声而落。

整体而言，集合信托理财中固收类理财产品的预期收益，一般会高于同期银行理财产品的预期收益。

5. 投资方向不同

为了降低风险，银行会将理财产品的资金进行分散投资，标准化资产是银行理财资金配置的主要资产。债券、银行存款、拆放同业及买入返售等标准化资产共占理财产品投资余额的 67.56%。其中，债券是银行理财资金配置中最重要的一类资产，占比最大，配置比例为 42.19%，而在这当中，国债、地方政府债、央票、政府支持机构债券和政策性金融债券占理财投资资产余额的 8.11%，商业性金融债、企业债券、公司债券、企业债务融资工具、资产支持证券、外国债券和其他债券占理财投资资产余额的 34.08%。（数据来源：银行业理财登记托管中心公布的 2017 年的《中国银行业理财市场报告》）

而信托公司是目前唯一被准许同时在资本市场、货币市场和实业领域投资的金融机构。信托资金主要投向基础产业、房地产、证券投资、工商企业和金融机构五大领域。因股东结构、业务发展模式等诸多方面都不尽相同，68 家信托公司的信托资金在投资领域方面的选择表现出明显的差异性。中国信托业协会发布的 2019 年第二季度中国信托业发展评析报告显示，截至 2019 年二季度末，投向工商企业的信托资金占比依然稳居榜首，其后依次为房地产、基础产业（基础设施建设项目，如高速公路建设、棚户区改造等）、金融机构和证券投资等。

6. 风险不同

银行理财产品的风险等级以 R1（谨慎型）、R2（稳健型）为主，这从资金投向也可以看出，相对谨慎和保守。

而信托理财产品的风险等级，固收类信托理财产品以 R3（平衡型）为主，前文列举的"上海外环隧道项目资金信托计划"这类基础设施类信托理财产品就是 R3（平衡型）风险等级。此外，证券类信托计划这种权益类投资方向的信托产品的风险等级为 R4（进取型）或 R5（激进型）。信托公司一般将自家的信托产品的风险等级评为 R3 或 R4 的居多。

撇开产品风险等级不说，我们仅从信托资金的投向上也可以看出信托理财产品的总体收益超过银行理财产品。

在目前的信托市场现状下如何挑选信托理财产品

前文提到信托行业之前存在"刚性兑付"，那么时至今日，信托产品是否还存在"刚性兑付"呢？当然不存在了。

实际上，国家一直决心打破"刚性兑付"，因为"刚性兑付"给国家的金融体系带来了极大的风险。首先，投资者享受高收益，但实际上并未承受高风险，这导致投资者低估风险，盲目入场。其次，投资者对"刚性兑付"的预期抬升了社会融资成本。"刚性兑付"使投资者过度追逐高收益，倒逼金融机构相互竞争、抬高收益率，扭曲了市场风险定价，抬高了实体经济获取资金的成本。这怎么理解呢？举例来说，假设企业通过信托公司融资，本来 9% 的利率就可以，但是因为信托公司对于投资者存在"刚性兑付"的承诺，信托公司既要给投资者较高的收益，信托公司自己也要赚钱，因此信托公司就把企业的融资利率抬高到 12% 或更高，导致企业负担过重，反而增加了企业的危机，从而增加了理财产品违约率。最后，一旦"刚性兑付"无法进行下去，信托行业发生整体违约，金融机构为其兜底，就容易诱发系统性金融风险。因此，为了防止发生系统性金融风险，国家一直强力主张打破"刚性兑付"。

但是，风险要慢慢释放，"刚性兑付"也是要被逐渐打破的。

2018年，央行、银保监会、证监会、外汇管理局联合发布了《关于规范金融机构资产管理业务的指导意见》（以下简称《指导意见》），对金融机构资产管理业务制定统一的监管标准。《指导意见》中被广泛关注的一点即打破"刚性兑付"。《指导意见》明确了资产管理业务是金融机构的表外业务，金融机构开展资产管理业务时不得承诺保本保收益。出现兑付困难时，金融机构不得以任何形式垫资兑付。

"刚性兑付"被打破，并叠加2017年开始的"金融去杠杆化"产生的作用，信托公司的风险逐渐释放，大家开始看到各种"××集合信托计划延期兑付"或者"爆雷"的新闻，工商企业类信托理财产品出现大量违约，一时间还流传出"富豪死于信托"的说法，也有一些信托公司因为偷偷兜底"刚性兑付"而吃了不少监管的罚单。还有一些信托公司的多只信托产品出现逾期，总规模超过百亿元。

"刚性兑付"被打破以后，信托公司还出现了集体"踩雷"现象。比如，东方金钰多笔债务逾期未能偿还，涉及东莞信托、中海信托、中铁信托、中粮信托、百瑞信托和中建投信托等多家信托公司。凯迪生态发布的《关于新增债务到期未能清偿的公告》显示，未能清偿的到期债务金额达139.67亿元，其中牵涉安徽国元信托、国通信托等多家信托公司。一时间，信托公司从以往理财界的"高富帅"变成了难兄难弟。

连银行都准许破产，更何况信托公司呢？并且不同于家族信托，信托理财产品并不具备财产隔离和保护的作用，更不能避债避税。因此，千万不要认为买了信托理财产品就高枕无忧了。

然而，我们也无须太悲观，信托行业风险水平总体较低，行业风险整体可控。作为现代金融体系的重要支柱，信托监管体系包括信托保障基金费率的差异化调整，信托公司的风险控制、资产质量和合规经营。净资本充足率、信托赔偿准备金计提等指标都是监控信托公司风险管理水平的重要指标。监管机构还通过对信托公司的净资本管理，要求其业务开展规模与速度保持在资本实力允许的范围之内，以此保证信托公司的净资本能覆盖其面临的各类风险。与此同时，信托业评级体系和信托监管评级体系也始终发挥作用。

但无论信托行业整体风险如何可控，哪怕行业只有 1% 的风险，可如果这个风险落到投资人身上就是 100% 的风险。所以挑选信托理财产品时，投资人可以从以下几方面加以考虑。

1. 筛选信托公司

截至 2021 年 2 月，信托行业共有 68 家信托公司，按照股东背景可以简单划分为央企控股、地方国企控股和民营控股，信托行业呈现出高度的国有化控制特征。所以，我们购买信托产品的第一步就是选择信托公司，股东成员是否强大是筛选信托公司的重要指标。

2. 查看信托公司的评级结果

信托行业有两种评级。一种是信托公司行业评级，由信托业协会自行组织，从行业角度对信托公司做出综合评价。信托业协会于 2016 年开始推行行业评级，每年评一次，信托公司被划分为 A、B、C 三个等级，该评级结果会对外公布，会对投资者特别是机构投资者的合作意愿产生影响。比如，评级为 C 的公司就比较被动，一些机构合作者可能以此作为谈判筹码压低价格。行业评级结果还将发送至银保监会及各银保监局，供监管评级参考，而监管评级是决定信托公司开展业务范围的重要因素。

银保监会也会直接对国内 68 家信托公司做出综合评价，这个评价结果更具权威性和影响力。根据银保监会发布的《信托公司监管评级办法》，68 家信托公司被分为创新类（A+、A-）、发展类（B+、B-）和成长类（C+、C-）三大类六个级别。具体来看，监管评级最终得分在 90 分（含）以上为 A+，85 分（含）至 90 分为 A-；80 分（含）至 85 分为 B+，70 分（含）至 80 分为 B-；60 分（含）至 70 分为 C+，60 分以下为 C-。监管评级的结果是在行业评级的基础上，综合关于公司治理、风险、合规等监管意见形成的，监管评级结果与信托公司允许从事的业务类型直接挂钩。银保监会对评级结果严格保密，仅供内部使用，根据评级结果对信托公司进行差异化监管，但是每年还是有官媒透露部分名单。

3. 关注信托理财产品的具体项目

无论是筛选信托公司，还是确认信托公司的评级结果，我们都可以在网上查询到一二，但是要想了解信托理财产品的具体项目，我们平时就要多关注信托行业的投资动向和分析。大部分投资者面对的是融资类信托产品，目前主要为房地产类、政信类和工商企业类信托。这三类信托产品的筛选逻辑分别如下。

（1）房地产类信托产品。首先，选择大型房地产开发商的项目，建议选择房地产开发领域本身融资能力强、负债率健康的前 50 强，因为一旦银根收紧，最先波及的就是中小开发商，而大开发商更容易从各类金融机构拿到钱，违约风险更低一些。其次，尽量选择位于一二线、强二线城市或者有购买力支撑的东部沿海发达地区的地产项目。再次，选择住宅项目为佳，谨慎选择纯商业、写字楼、旅游地产等。最后，要看该项目的增信措施，不过这方面投资人较难核实，常规标准的增信措施是土地／房产抵押、集团担保／个人无限连带责任担保、股权质押。

（2）政信类信托产品。政信类信托产品即当地城市建设投资公司或政府平台公司为发展当地经济而开展基础设施建设，向信托公司融资而形成的信托产品。政信类信托产品一度火爆，但是"刚性兑付"被打破以后，某些地区陆续出现了多个信托计划延期。政信类信托产品"爆雷"已不是新鲜事，因此挑选政信类项目时尤其要注意三点：一是看当地的财政实力。目前普遍的一个标准是区县平台一般财政收入不低于40亿元，归口地级市一般财政收入不低于200亿元，对于经济相对落后地区的政信项目建议要谨慎选择。二是看融资平台的地位。一般省级平台强于市级平台，市级平台强于区县平台。而对于具体融资主体公司，要优先选择拥有地方基础设施领域核心资源和优质项目、承担重大项目投融资和建设的实体型平台公司，尽量不要选择主要依靠财政性资金偿还债务的空壳型平台公司。三是看增信措施。信托公司通常会要求融资主体和担保主体公司的信用评级为一个 AA+ 或者两个 AA，另外，还会核实土地抵押、公司股权质押或者应收账款等情况。但投资人往往很难核实增信措施。

（3）工商企业类信托产品。在这三类常见的信托产品中，工商企业类信托产品发生的违约最多，一度成为信托理财产品兑付的"重灾区"，一家企业违约往往涉及多家信托公司，但投资人对这类信托产品的考察难度最大。因此，在选择项目时，需看融资主体的实力，主要分析企业的财务实力、财务结构、盈利能力和现金流状况。同时，还需关注融资方企业所从事的行业是否处于上行的经济周期，是否符合国家的产业政

策调整，等等。这些都对投资人的投资分析能力提出了更高要求，因此，如果能选择政信类信托产品或者房地产类信托产品，就尽量避免选择工商企业类信托产品，因为个人投资者很难分析明白。

中国的信托和美国的信托有何不同

信托是个舶来品，本质上是一个法律服务框架，起源于中世纪的欧洲，是王权与教权冲突下的产物。经过几百年的发展，信托在欧美地区的相关法律体系都相对比较完善，支撑其在社会生活中稳健运行。信托在中国逐渐演变为企业融资的渠道和个人理财的平台，可谓中国特色的信托。在国内提起信托，我们想到的是理财产品；而在美国，信托是资产传承的主要工具，美国的信托和金融产品是完全不相干的，它是一份几十页的地地道道的法律文件，完全没有融资和理财的职能。

通常，中国的信托和美国的信托主要在以下方面有所不同。

（1）类型不同。我国的信托类型非常多，而美国的信托类型就非常简单。从委托人的角度进行分类，美国信托可以分为生前信托和遗嘱信托；根据信托的功能进行分类，可以分为朝代信托和不可撤销人寿保险信托等；根据委托人对信托内资产的控制权进行分类，可以分为可变更信托和不可变更信托。

（2）功能不同。我国的信托既有融资功能，也是个人和单位理财的平台。而美国的信托本身是法律构造，不涉及投资性，更不会进行融资。美国信托的回报率取决于信托内资产的回报率，信托资产多由专业机构打理。这样来看，只有我国信托中的特种类型——家族信托（主要功能是税务规划、财富传承和资产保护）与美国的信托有共同特点。而就家族信托来说，截至 2021 年 2 月，我国的家族信托目前只能管理现金资产（包括保单和其他金融理财产品），不能涵盖公司股权、实物和不动产，或者这些部分的置入成本极高，不知道未来是否会有改变。而美国的家族信托可以轻松置入一切东西，甚至一套祖传的茶几。

（3）设立方式不同。美国的信托在设立时，必须由具有相应执照的律师进行制作及申请，一旦设立成功，将获得美国税务机构的相应注册号码（EIN），被作为美国资产对待，受到法律的监督保护。而我国的信托理财产品由信托公司发行，做好信托产品登记即可，无须律师申请，也无须拥有税务号码。在我国设立家族化信托，只要信托财产合法，确定了信托目的、受益人，挑选值得信赖的受托人（信托公司），接下来就可以签订家族信托合同，做好信托财产转移和信托登记。

（4）遵照的法律不同。我国的法律属于大陆法系，属于成文法。美国的法律属于英美法系，属于判例法，具有完善的法律制度规定，同时有大量判例予以细化规范。相比之下，我国信托法发展较晚，配套法律制度尚不完善，存在较多法律规定的空白。2018 年 8 月 30 日，银保监会正式发布《信托登记管理办法》，我国内地才终于建立了统一的信托登记制度，此前股权或者不动产转移到家族信托时，视为第三方之间的交易过户，需要缴税。2013 年初，平安信托发行了内地第一只家族信托。由于历史过短，我国内地家族信托迄今没有任何资产传承成功的案例，并且陆续受到国内司法挑战。

在英美法系下，家族信托资产的所有权与受益权分离，信托的委托人将财产权交给受托人，就属于所有权的转移，财产权非常明确；而在中国的一物一权下，如果财产所有权转移，委托人没有追索权力，也没

有明确信托财产所有权的转移，财产权的模糊处理为司法留下很大的隐患。这是国内家族信托与海外家族信托最本质的区别。也正因为如此，目前大部分富豪选择做海外家族信托。

（5）设立的门槛不同。在美国，信托并不是有钱人的专利。比如，只要你在美国拥有一栋房子，就可以考虑做信托，和你的律师联系、起草信托合同。如果没有信托，房子、股票、股权和银行存款等常见的资产在所有者过世后一般要通过法庭的遗产认证程序才能过继给继承人。遗产认证程序不仅耗时长，而且费用高昂。而信托的基本作用就是避开法庭遗产认证。资产置入信托无疑是最简单、直接和省时省钱的资产传承方式。而在国内设立家族信托是有门槛的，比如，2018年银保监会规定国内的家族信托财产门槛设定为1000万元。

六、如何挑选优秀的私募基金

在 20 多年前，如果有人说他投资了私募基金，那他一定是投资意识超前且非常有钱的人；而如今，如果有人说他投资了私募基金，周围人可能早已习以为常。如今的私募基金行业是一个两极分化特别严重的行业，不乏非法集资后跑路的私募基金，而优秀的私募基金像高塔上的明珠一样发出耀眼的光芒，非常诱人。如果你想入场，更要仔细了解。

私募基金的定义及分类

1. 私募基金的定义

我们所说的私募基金有广义和狭义之分。广义的私募基金是指在中国境内以非公开方式向合格投资者募集资金后设立的投资基金。因此，资管产品、信托计划都是以私募的方式在募集基金，都属于广义的私募基金。资管产品指的是获得监管机构批准的公募基金管理公司或证券公司，向特定客户募集资金或者接受特定客户财产委托并担任资产管理人，由托管机构担任资产托管人，为资产委托人的利益，运用委托财产进行投资的一种标准化金融产品。所以，目前资管产品或者叫资管计划，只能由公募基金公司或者证券公司发行，也是广义上私募基金的一种。而我们常说的私募基金，实际上指的是狭义上的私募基金，即由证

监会实施统一集中行政监管，需在中国基金业协会进行管理人及产品的登记备案。所以我们在市场上常常听到推销的理财经理说"我们的基金是在中国基金业协会备案了的"。

无论是广义上的私募基金，还是狭义上的私募基金，都必须以非公开方式向合格投资人募集资金，否则即为不合规，会受到监管机构处罚。

那么，何谓非公开方式呢？私募基金在推介方式上体现了非公开的特性，比如，不得在公开渠道进行宣传推介，不得面向社会公众销售，募集人数不得超过 200 名等。

何谓合格投资者？不同于公募基金，购买私募基金必须符合合格投资者的条件，并且其购买门槛也更高。最新的《关于规范金融机构资产管理业务的指导意见》中要求，合格投资者必须具备相应的风险识别能力和风险承担能力，单笔投资于私募基金产品的金额不低于 100 万元，且是符合下列条件的自然人、法人或者其他组织：

（1）具有 2 年以上投资经历，且满足以下条件之一：①家庭金融净资产不低于 300 万元；②家庭金融资产不低于 500 万元；③近 3 年本人年均收入不低于 40 万元。

（2）最近 1 年末净资产不低于 1000 万元的法人单位。

购买之前需提供合格投资者的证明文件。

2. 私募基金的分类

受市场上阳光私募产品的影响，很多人以为私募基金就是投资于股票的，其实不然。中国基金业协会对私募基金进行了如下分类。

（1）私募证券投资基金。私募证券投资基金是指主要投资于公开交易的股份有限公司的股票、债券、期货、期权、基金份额以及中国证监会规定的其他证券及其衍生品种的基金。

（2）私募证券类 FOF 基金。私募证券类 FOF 基金是指主要投向证券类私募基金、信托计划、券商资管、基金专户等资产管理计划的私募基金。

（3）私募股权投资基金。私募股权投资基金即私募股权基金，除创业投资基金以外，主要投资于非公开交易的企业股权。

（4）私募股权投资类 FOF 基金。私募股权投资类 FOF 基金是指主要投向股权类私募基金、信托计划、券商资管、基金专户等资产管理计划的私募基金。

（5）创业投资基金。创业投资基金是指主要向处于创业各阶段的未上市成长性企业（新三板挂牌企业视为未上市企业）进行股权投资的基金。对于市场所称的"成长基金"，如果不涉及沪深交易所上市公司定向增发股票投资的，按照创业投资基金备案；如果涉及上市公司定向增发的，按照私募股权投资基金中的"上市公司定增基金"备案。

（6）创业投资类 FOF 基金。创业投资类 FOF 基金是指主要投向创投类私募基金、信托计划、券商资管、基金专户等资产管理计划的私募基金。

（7）其他私募投资基金。其他私募投资基金是指投资除证券及其衍生品和股权以外的其他领域的基金。

（8）其他私募投资类 FOF 基金。其他私募投资类 FOF 基金是指主要投向其他类私募基金、信托计划、券商资管和基金专户等资产管理计划的私募基金。

从以上分类我们可以看到，根据投向不同，私募基金有不同的种类。在实际市场中，创业投资类基金和私募股权基金都被称为股权基金。

根据采取的交易结构和组织形式的不同，私募基金又分为有限合伙型私募基金、契约型私募基金和公司型私募基金三类。在过去的市场活动中，很多人对有限合伙型私募基金的印象很不好，因为很多非法集资诈骗理财都是以有限合伙的形式募集资金的。实际上，无论是有限合伙型，还是契约型或公司型私募基金，只是组织形式不同而已，有些项目借有限合伙这种组织形式来募集资金，有些项目通过契约的方式募集资金。契约型是市场上私募基金中数量最多的组织形式。

有限合伙型基金，是由普通合伙人（General Partner，GP）与有限合伙人（Limited Partner，LP）共同组成有限合伙企业。其中，私募投资公司作为GP，发起设立有限合伙企业，并认缴少部分出资，而投资者则作为LP认缴绝大部分的基金出资。私募投资公司承担无限责任，负责基金的投资、运营和管理，并且每年提取基金总额的一定比例作为基金管理费；投资者承担有限责任，不参与公司管理，分享合伙预期年化收益，同时享有知情权、咨询权等。

契约型基金，指的是投资人、基金管理人（私募投资公司）、基金托管人（商业银行）签订三方契约：投资人作为委托人，把财产委托给基金管理人管理；基金托管人负责保管基金资产，执行基金管理人的有关指令，办理基金名下的资金往来；投资人通过购买基金份额，享有基金投资收益。简单来说，就是这类基金的一切事项都是通过契约进行约定的。

公司型基金，指的是投资公司就是基金本身，投资人的出资组成投资公司的资产，投资人和投资公司之间是一种基于公司章程而成立的股东与公司之间的法律关系。投资人通过购买公司股份成为投资公司的股东和基金持有人，按其所持基金份额承担有限责任，并以股息的形式分享基金运作收益。投资公司设有董事会和股东大会，投资人按其所拥有的股份多少在股东大会上行使权利，董事会对基金资产负有安全增值的责任。

以上三种组织形式虽然听起来不同，但本质上都是投资人出资把资金交由私募投资公司投资运作，并分享收益，共担风险。其中，私募投资公司收取管理分成和收益分成（如有），托管银行收取托管费。

入手私募基金前必须知道的事

根据私募基金相关管理法规的规定，投资私募基金的最低起投金额单笔为 100 万元人民币，有些知名私募股权投资基金或者私募证券投资基金的起投门槛更是高达几百万、上千万元人民币，因此，人们习惯将私募基金称为"富人的游戏"。而随着私募基金的扩容发展以及国民收入的增加，越来越多的人开始尝试投资私募基金。我们在未来都有可能成为私募基金的投资人，而入手私募基金前，有些事情是我们必须要知道的。

1. 私募基金的监管和设立门槛

2012 年 12 月 28 日全国人大通过了《证券投资基金法》，对私募基金做出相关规定，私募基金的法律地位得以确立，被正式纳入监管，成为正规军。

2016 年 11 月 11 日，中国证监会在网站上公布了《公平在身边·投资者保护系列丛书——私募基金投资者手册》，上面写明：中国证监会依据《证券投资基金法》和《私募投资基金监督管理暂行办法》对私募基金实施行政监管，中国基金业协会根据自律规则对会员机构进行自律管理。

《证券投资基金法》和《私募投资基金监督管理暂行办法》规定，私募基金管理人应当在基金业协会申请登记，各类私募基金募集完毕后应当向基金业协会办理备案手续。私募基金的备案登记不构成监管机构对私募基金管理人投资能力、持续合规情况的认可，不作为对基金财产安全的保证。

在市场准入环节，中国证监会不对私募基金管理人和私募基金进行前置审批，而是基于中国基金业协会的登记备案信息，事后进行行业信息统计、风险监测和必要的检查；在基金托管环节，不强制要求基金财产进行托管；在信息披露环节，不要求公开披露信息，但需要向投资者披露重大事项及基金合同、公司章程或者合伙协议约定的其他事项；在行业自律环节，充分发挥基金业协会的作用，进行统计监测和纠纷调解等，并通过制定自律规则实现会员的自我管理。

可以看出，对私募基金的监管态度是重在自律。在实际操作过程中我们也可以看到，主要是中国基金业协会这个自律组织扮演直接监管的角色。

在实际监管操作过程中，就以私募证券基金来说，2017 年，福建证监局对两起私募基金"老鼠仓"案件出具行政处罚决定书。这两起"老鼠仓"私募基金获利金额分别为 948 万元和 538 万元，在行政处罚方面对责任人均处以 3 万元罚款，并未提及是否移送司法机关，处罚之轻令人咋舌。实际上对证券私募基金的处罚，在 2018 年以前，根据《私募投资基金监督管理暂行办法》（下称《暂行办法》）的规定，这样的处罚已是顶格处罚。对于私募基金"老鼠仓"行为，《暂行办法》第三十八条规定：可以责令整改，给予警告并处 3 万元以下罚款；对直接负责的主管人员和其他直接责任人员给予警告并处 3 万元以下罚款。因此，顶格罚款的确是 3 万元。直到 2018 进行改革以后，罚款额度才上升到 10 万 ~ 70 万元。

私募基金的设立门槛很低，如果你看到私募基金牌照的申请条件，就会更加震惊，条件如下：

第一，根据《证券投资基金法》的规定，基金管理人由依法设立的公司或者合伙企业担任。自然人不能登记为私募基金管理人。

第二，注册资金要在 1000 万元以上。

第三，至少有 3 名高级管理人员具备私募基金从业资格。具备以下条件之一的，可以认定为具有私募基金从业资格：①通过基金业协会组织的私募基金从业资格考试；②最近 3 年从事投资管理相关业务；③基金业协会认定的其他情形。

第四，申请机构具备满足业务运营需要的场所、设施和基本管理制度。

其实，考取基金从业资格证书极其简单，而注册资金和运营场所也都十分容易。这样的门槛给了优秀的私募基金管理人机会，同样也给了无数诈骗分子非法集资的机会。这几年，私募基金规模和数量呈现爆发式增长，根据中国基金业协会公布的数据显示，截至 2020 年底，已登

记管理人 2.46 万家，已备案私募基金 9.68 万只，管理规模达 15.97 万亿元。

因此，主要依靠自律且设立门槛低的私募基金，并不是投资的天堂。我们要理性对待私募基金，因为从几万只私募基金里挑选能给自己赚到钱的那一只，这个难度远比从 A 股市场挑选明天会涨的股票难得多。

2. 私募基金的信息披露

从上文证监会官网公开的信息中我们可以看到，监管部门对私募基金的信息披露态度是：在信息披露环节，不要求公开披露信息，但需要向投资者披露重大事项及基金合同、公司章程或者合伙协议约定的其他事项。不公开披露信息，甚至仅仅只对在投客户披露重要信息是私募基金的一贯作风。

中国基金业协会在 2016 年发布了《私募投资基金信息披露管理办法》，要求私募基金信息披露不得存在以下行为：①公开披露或者变相公开披露；②虚假记载、误导性陈述或者重大遗漏；③对投资业绩进行预测；④违规承诺收益或者承担损失；⑤诋毁其他基金管理人、基金托管人或者基金销售机构；⑥登载任何自然人、法人或者其他组织的祝贺性、恭维性或推荐性的文字；⑦采用不具有可比性、公平性、准确性、权威性的数据来源和方法进行业绩比较，任意使用"业绩最佳""规模最大"等相关措辞；⑧法律、行政法规、中国证监会和中国基金业协会禁止的其他行为。

由于监管部门对私募基金管理人和私募基金不设前置审批，仅采取事后登记备案的方式进行统计监测，主要发挥行业自律组织的作用和功能，因此在信息披露过程中无法保证基金管理人披露的信息真实有效，投资人只能自行判断。但我们至少可以做到的是，但凡基金管理人做出违反以上监管要求的行为，如夸大预测业绩、做出明显虚假的误导性陈述、违规承诺收益等，我们一定要重视，谨防上当。

3. 私募基金的收益分配方式

在说这个问题前，先和大家分享一个很搞笑的理财产品——指数私募基金。关于指数基金，我们在前面的章节中讲到过。指数基金即复制指数走势的基金，简单来说就是把某指数的成分股都买入，只要成分股变动就随其变动，其他时间无须操作的被动"傻瓜式"基金。所以指数私募基金就是套路。指数公募基金同样是复制指数的走势，但不需要和管理人进行收益分成，且认购费率也很低，只有千分之几。而指数私募基金管理人要分取收益的 20% ～ 25%，而且认购费率为 2% 左右，等于白送人 20% 的收益以及高额管理费。

如果有人购买这样的理财产品，说明他对指数基金、私募基金和公募基金的概念及收益分配方式非常陌生。就收益分配方式来说，无论什么类型的私募基金，都参考"2-20"收费模式：2 指的是私募基金管理公司收取基金规模 2% 左右的管理费；20 指的是除本金之外，收益部分的 20% 作为基金管理公司佣金收入。这种"2-20"收费模式是国际流行的私募基金收费模型。而公募基金往往不参与投资人基金收益的分成。

如果是私募股权投资基金，除了采取上述"2-20"收费模式外，往往还会给投资人 8% 的优先回报，也就是说，在本金之外还需再给投资人 8% 的收益，剩余的超额收益再进行二八分成，基金管理人占 20%。

这是私募基金在收益分成上的独特之处，需要和公募基金区分开来。

4. 优秀的私募基金总是少数

两年前，我有个朋友被互联网上一个宣传自己的投资理念的私募基金经理吸引了，他的理论听起来似乎很高端。但朋友后来花了点儿时间仔细琢磨后发现对方是一派胡言。不仅如此，对方发行的一系列私募证券基金的业绩相当差，朋友大呼"当初差点儿上当"。

像我朋友这样的例子绝不是少数，通过上文我们知道，私募基金管理人资格和私募基金牌照设立的门槛极低，监管主要靠自律。我们想要从几万只私募证券投资基金里挑选能赚钱的，比我们去 A 股挑选明天可能上涨的股票要难得多，更何况很多私募基金都特别会做营销宣传，看起来都很厉害。但如果我们真的轻信，大概率不会赚到钱，甚至会莫名其妙地亏损到连本金都没有的程度。这不是危言耸听，有些私募基金的成立就是为了做"老鼠仓"，为了利益输送。

在任何领域，"二八定律"都适用。优秀的私募基金毕竟是少数，一只刚成立不久且私募基金管理人不具备良好的过往业绩和行业地位的私募基金往往隐藏着巨大的风险。

在实际操作过程中，我总结了一个非常简易的识别方式——从宣传方式看私募基金的优劣。真正厉害的私募基金根本不需要做太多宣传，因为银行私行部以及信托公司都抢着帮它们募集资金，卖给自己的客户，因为他们知道这些厉害的私募基金不会毁了自己的信用，而且还能丰富客户的资产配置，让客户获得更好的投资体验。而一些国家主权基金、社保基金也会向这些私募基金投一部分资金。因此，优秀的私募基金根本不需要在网上营销。至于私募基金经理在网上开微博宣传的私募基金，我们务必要谨慎对待，谨防上当。

哪些行为是私募基金的违法违规行为

隔行如隔山，金融圈有很多显而易见的违法、违规行为，而有些投资人因为不了解，不仅对其视而不见，反而认为很好。比如，承诺收益这样的操作，就是典型的被很多投资人认为很好但是在业内却是严重违规操作的行为。所以，投资人了解私募基金的违法违规行为，对于判断私募基金的真实情况，做出合理的投资行为具有重大意义。私募基金的违法违规行为主要分为以下两大类。

1. 违规操作、宣传以及违规披露信息

很多私募基金为了能够更快地募集资金，让业务员当街派发传单，传单上赫然写着"无风险""高收益""安全可靠""收益高达××%"等字样。还有些私募基金通过有限合伙的方式回避监管机构的要求，不去中国基金业协会备案，或将起投资金私自设置为100万元以下，并且不提供合格投资者证明，这些都是明显的违规行为。因为监管机构要求投资于私募基金产品的单笔投资不得低于100万元，要求有合格投资者证明，且私募基金不得承诺收益，不得夸大收益、宣传"无风险"、误导投资者。而在大街上发传单宣传私募基金的也属于违规募集资金，不符合监管机构要求的"非公开"募集要求。面对这些情况，必须迅速远离，谨防受骗。

在信息违规披露方面，可参照上文《私募投资基金信息披露管理办法》中提到的信息披露义务人披露基金信息时不得存在的行为。在这里

必须补充强调的是，私募基金的任何保底协议、保本合同均为不合规，法律上视为无效。

2. 非法集资

我曾经提醒几位投资人（几位阿姨）她们参与的是非法集资，却被她们嘲讽说："有私募基金管理人牌照，怎么会是非法集资？"实际上这家公司最终以"非法集资"被立案。为什么这些阿姨会有这样的想法？因为很多人对非法集资的理解是：私募基金没有牌照却做着有牌照才能做的事情才叫非法集资。其实，这只是非法集资最显而易见的层面。现在的投资公司往往不会在这个层面作假，毕竟私募基金牌照的获取门槛特别低，成为私募基金管理人并不难。

其实，现在只要是违反法律法规，通过不正当渠道向社会公众或集体募集资金，都有可能被认定为非法集资或者非法集资诈骗。这类非法集资诈骗主要表现为假借名义募集资金，然后非法占有或挪作他用，或者以正当名义超额募集资金，然后挪作他用。

正因为有些私募基金假借名义，所以听起来这些资金的投向面面俱到，且有利可图、风险可控，显得十分安全，甚至堪称完美，再加上对方引人入胜的营销话术和策略，让投资人听得跃跃欲试。这些往往都是美丽的幌子而已，直到东窗事发，投资人才发现一切都是镜花水月，原来根本没有这回事，资金都被非法转移挪作他用了。这就是市场上最常见的非法集资诈骗的情况。

我们遇到这样的情况要多想一想，这么稳赚的事怎么落到了这个公司头上？还有些募集名义是真实存在的，但是明明只需募集2亿元，基金却抓住这个募集机会募集了10亿元，其中的2亿元可能真正投到了项目上，另外 8 亿元的去向成谜，这种非法集资属于伪装得更好的。

所以，现在的私募基金非法集资行为往往隐藏得更深，不能仅通过有无牌照进行判断。

其实之前私募基金已经爆出过一些非法集资案件。这些私募基金的信息不够公开透明，行政备案、流程都没问题，唯一的问题就是其假借某个投资名义募集资金，然后挪用资金占为己有。就算占为己有，有些公司还是能按时兑付，不易被拆穿，隐蔽性很强。

下面列举两个"爆雷"的财富集团的例子，它们都是假借私募基金的名义进行非法集资。

根据公开资料显示，一家集团核心品牌旗下拥有一家基金销售公司以及其他 6 家经备案的私募基金管理人。所有基金都是通过这几家有私募基金管理人牌照的子公司发行的。

从 2015 年开始，该集团大力发展 PPP 项目，备案并发行相关产品，经过 3 年多的时间，私募基金规模呈现爆炸式增长。因 PPP 项目都由政府主导（简单地说，PPP 项目就是政府和社会资本合作提供公共产品和服务），对各级部门都具有较强的诱惑性，这个噱头也极有利于招募资金。在最高峰的阶段，该集团对外宣布其和政府项目签约量超过 5700 亿元，并且集团董事长还被某些商业交流会誉为"中国新型城镇化建设领军人物"称号，而该集团也屡次对外宣传自己为全球知名的城市建设投资领军企业。

但是扒开这些光鲜外表，该集团公司也只是借着 PPP 和私募基金的信息不透明，打着幌子圈钱而已，最终的结局是创始人个人财富爆表，连海域都有了，而投资人却血本无归。

通报显示，目前警方已累计对 52 人采取刑事强制措施，累计冻结涉案银行账户 846 个、股票账户 126 个，累计查封机动车 89 辆、房产 54 处、游艇 2 艘（实际控制）、土地备案 11 宗（面积为 105 万平方米）、海域 2 宗（面积为 83.2885 万平方米）。（冻结、查封的资产中含部分轮候查封项目。）

而另一个集团的私募基金骗局，就稍显简单、直接一些。他们主要是给自己的商业版图募集资金，用来炒股、拓展业务和花销等。自己给自己融资叫自融，这在投资领域是违规操作，对投资人来说风险极大。而很多私募基金都是像这样打各种幌子玩着自融的把戏。

购买私募基金需注意：保本协议通通无效

"我们签个补充协议，如果这只私募基金产品触发止损线 0.85 元，我们会在 3 个工作日内追加资金，使委托资产单位净值大于等于 0.9 元；而且基金产品清算时，如果资产单位净值小于 1 元，给你补差价。"这就是"兜底协议"。难道私募基金还有这种操作吗？答案是有，而且很多。很多中小私募基金存在募资难的问题，为了募集资金，会选择通过签订补充协议来变相承诺保本。

而很多投资人买了私募基金之后，为了确保安心，也主动要求私募基金方提供兜底协议或者保本协议。我之前警告过我身边的投资人：这样做是无效的，因为这本身就是个不合法的协议，哪怕告到法院，这份协议也是不作数的。

即便如此，依然阻止不了很多投资人对兜底协议的热衷追求。前文这个兜底协议最终有效吗？当然无效。法院认为：对投资人的投资行为承诺保底保本，该约定与法律法规及证监会监管规定相违背，被认定为无效。

其实很多从业人员都知道签了也白签，只是哄哄投资人而已。曾有个投资人购买私募基金，后来由于该私募基金资金管理不善，私募基金产品净值降为 0，资金全额亏损。因为亏得太离谱了，投资人提起法律诉讼，对于涉案的投资损失，二审判决书显示，双方均有过错，综合双方的过错程度，酌情认定由私募基金管理方共同向投资人赔偿投资损失的 70%，由投资人自行承担投资损失的 30%。

类似这样的事情太多。2019 年 12 月 28 日，广东省广州市中级人民法院下发的一则判决书显示，投资者赖某购买广州财大投资管理有限公司（以下简称财大公司）的私募基金，基金主合同中并没有保底条款，最终赖某所购买的私募基金净值亏损超 25%。对于赖某的损失，财大公司表示愿意全部承担，并签署了相关补充协议。后来财大公司不承认补充协议，于是赖某就将其告上法庭。法院依旧认为，该补充协议无效，但法院认定财大公司应对赖某投资的全部本金亏损部分的 20% 承担赔偿责任。

赖某认为，补充协议是在私募基金合同签订并实际履行一年多后，在基金净值小于 1 的情况下财大公司自愿承担赖某损失而签订的，不属于法律禁止的委托投资合同的保底条款，而是财大公司在赖某投资亏损既成事实的情况下，自愿承担该损失的真实意思表示，应该承担所有亏损赔偿。

可是二审依然维持了原判。法院认为，虽然该补充协议是在赖某购买涉案理财基金后签订的，但仍属于当事人合意对委托理财行为所设定

的受托人保证委托人本金不受损失的保底条款，应属无效。法院给出的理由为：首先，赖某授权委托财大公司和基金托管人进行涉案财产的投资管理和托管业务，属于委托代理关系。根据相关规定，有偿代理的代理人只承担因自己的过错造成被代理人损失的责任，涉案补充协议违反了委托代理制度的根本属性，应属无效。其次，赖某在享受基金产品所带来的高额收益的同时，也应承担相应高风险的义务。而财大公司作为专业的投资机构，向投资者承诺本金不受损失，存在过错，需部分承担本应由赖某承担的因投资风险所带来的损失，对其本金亏损部分的 20% 承担赔偿责任。另外，涉案补充协议中的承诺本金不受损失的条款违反了前述规定，属于法律法规所禁止的保底条款。一审法院认定该保底条款无效，进而认定补充协议属无效协议理据充分。

根据《私募投资基金监督管理暂行办法》的规定，私募基金管理人、私募基金销售机构不得向投资者承诺投资本金不受损失或者承诺最低收益。目前兜底协议等行为也已经受到监管机构的明令禁止。兜底或者保本协议内容违反了市场的基本规律和资本市场规则，严重破坏资本市场的合理格局，不利于金融市场的风险防范，有损社会公共利益，被依法认定为无效合同。

实际上不只是私募基金，所有非保本浮动类投资理财产品，均不可以承诺保本保息，不可以附加各种保本兜底协议，投资人切勿盲目相信保本兜底协议。

初次尝试私募基金，选哪种合适

因为市场上的私募基金多如牛毛，且私募基金不可以公开募集资金，并且每只私募基金的投资人数不能超过 200 人，所以大众无法了解很多信息，即使被骗了也大多是吃哑巴亏。正因为这样，如果朋友圈突然有人发布一个绝佳的投资机会，说是机会足够稀缺，而且稳赚，因为是私募基金，不对外公开，所以只有朋友圈这群人有投资机会……这时候，我们就要提高警惕，因为这种事情往往不是什么好事。

既然如此，如果我们是私募基金小白，想尝试私募基金但又担心被骗，那么应该选择哪种私募基金更靠谱些？

我只推荐两类私募基金：一类是过往久经考验、有口皆碑（但过往业绩不代表未来预期）的私募股权基金，另一类是过往久经考验、有口皆碑（但过往业绩不代表未来预期）的股票型私募基金。关于这一点，大家可以去私募排排网上查询。除这两大类私募基金外，其他私募基金都存在骗钱的可能。因为私募基金信息不透明、法律不健全、监管不到位，而且牌照的申请门槛可以说几乎为零，任何企业都能成为私募基金管理人，然后发私募基金募钱后将钱骗走。

所以，市场上宣传的私募基金牌照似乎很金贵，仿佛代表私募基金的投资实力和江湖地位，其实这些都属于误导行为。私募基金的牌照属于金融领域最没有门槛的牌照，没有之一。

那么，私募基金为什么不适合普通人投资？

首先，因为起投门槛高——至少 100 万元起投，这意味着投资者承受风险的能力要高。

其次，因为信息不透明。私募基金的基金产品信息披露的宣传资料都属于非公开，意味着只有少数本来就有意向的投资人才能看到，而投后披露资料更是只有在投的投资人才能看得到。并且信息披露的规范和

透明程度就要看私募基金管理人的良心了。因为即便被忽悠了，投资人又能怎么办？一只私募基金最多只有 200 个投资人。

最后，因为监管力度缺失。私募基金管理人的直属监管单位是私募基金管理人协会，这不是官方单位，只是个自律组织，监管力度和话语权都不高。

所以，私募基金就是个凭良心和道德约束的投资产品。除非有些私募基金管理人经过几十年早已做出良好的口碑和知名度，已经于无形中被公众监督，比如我前面列举的两类私募基金，否则其余的大概率暗藏玄机。

七、如何挑选股权投资基金更赚钱

曾经有一段时间，仿佛到处都在宣传"人无股权不富"，我们走在路上都可能被各种投资公司拉去参加股权投资产品的宣传活动，通常宣传内容为公司马上就要被收购，或即将上市，或将在新三板挂牌等，只需 10 万元或 20 万元起投……听起来稳赚不赔，一时间，很多对此不了解的投资人纷纷掏钱，最后无疑会损失惨重。我之所以把股权投资基金单独拿出来说，是因为股权投资是一种非常容易"画饼"的投资形式，在宣传时常把哄骗的本事发挥到极致，最终使投资人被误导。

私募股权基金募集资金的形式有契约型和有限合伙型这两种形式，起投资金至少 100 万元，"10 万元或 20 万元均可投"的股权基金是骗局无疑。很多投资人纠结契约型和有限合伙型这两种形式，其实完全没有必要，它们只是基金募集的不同方式而已，资金最终都要通过有限合伙的方式投向被投企业，因此你如果留心，就会发现被股权投资基金投资的企业股东里面，会有×××有限合伙这样的股东形式出现，以致很多投资人被误导，以为有限合伙都是骗人的。其实在股权投资领域，基金最终都需要通过有限合伙的方式进入被投企业。

而投资人被误导的地方，可不只是资金募集形式是契约型还是有限

合伙型。虚假夸大过往股权投资业绩和虚构投资案例的股权投资基金屡见不鲜，他们把别人投资的案例说成是自己的，让投资人误以为自己投资能力过硬。我走访诸多私募股权基金推荐会后发现，不少股权投资基金夸大其词、虚假宣传，甚至谎称自己投资了阿里巴巴、蚂蚁金服和腾讯等，几乎市场上有名的公司都被他们投资过，与会人员很可能信以为真。其实，我们只要通过"天眼查"这样的平台查询这些知名企业过往的融资历程，就能知道这家股权投资基金到底有没有参与过投资。

股权投资基金的分类和特点

我们在很多资料中都可能看到过股权投资属于一级市场投资，那么，什么是一级市场投资？通俗来讲，企业上市前进行的投资行为都属于一级市场投资的范畴，而企业上市后在公开市场进行的投资行为即为二级市场投资。了解一级市场投资和二级市场投资的区别，有助于理解某些投资产品的投资报告中讲述的内容。

股权投资的概念有狭义和广义之分。狭义的股权投资主要指对已经形成一定规模并产生稳定现金流的成熟企业的私募股权进行投资，主要投资于企业成熟期和 Pre-IPO（上市前）阶段，有别于天使投资、VC 投资（Venture Capital，即风险投资）以及并购。

天使投资，指的是具有一定净财富的个人或机构对具有巨大发展潜力的初创企业进行早期的直接投资，这时的企业可能只是刚搭建了团队或仅有创业想法，因此这样的投资也叫种子期投资。

VC 投资，指的是具备资金实力的投资家对具有专门技术并具备良好市场发展前景但缺乏启动资金的创业者进行资助，帮助其圆创业梦，并承担创业阶段投资失败风险的投资。投资家以投入的资金换得企业的部分股份，并以日后获得红利或出售该股权获取投资回报为投资目的。这个时期的企业往往已经初具雏形，处在企业生命周期中的早中期发展阶段。

并购，指的是通过收购目标企业的股权，获得对目标企业的控制权，然后对其进行一定的重组、改造，持有一定时期后再出售的投资操作。并购可以发生在企业发展的任何阶段。

这里顺带说一下定增。定增的全称是"定向增发"，指的是上市公司向符合条件的少数特定投资者非公开发行股份的行为。由于交易主体是已经上市的公司，但是发行方式是非公开，有别于完全意义上的二级市场股票公开交易，因此又称为一级半市场投资，与一级市场投资和二级市场投资均有区别，应该分开来看。

从宏观上说，股权投资、天使投资、VC 投资及并购等均为对公司股权的投资，因此统称为股权投资。在投资市场的实际操作中，这几类投资基金的界限也比较模糊，全部统称为股权投资基金。

不同的股权投资基金在投资方向上有不同的侧重，有的股权投资基金侧重于投资企业的早中期，有的侧重于并购，有的侧重于企业的中后期，有的侧重于 Pre-IPO 阶段。目前，股权投资基金除非明确为单一企业投资基金，即仅投资于一家企业的股权，否则股权投资基金均不会仅投资一家企业或者某企业的某一阶段，而是混合了企业早中后期的投资，混合投资了不同领域的企业，同时混合不同的投资策略，目的就是分散风险，加快股权投资基金的资金回流速度，为投资人创造更好的投资体验。

股权投资基金最突出的特点是长期投资。国外股权投资基金的投资期限动辄在 10 年以上，目前国内股权投资基金的投资期限主要是 5 ～ 10 年。值得提醒的是，这个投资期限是股权投资基金设立和存续的期限，有可能股权投资基金提前结束，或者在股权投资基金存续期的第三年或第四年就已产生收益或已经回本，因此股权投资基金存续期限和回本期限并不是一回事。很多投资人常把两者混淆，以为这类股权投资基金只能在 5 ～ 10 年后基金期限到期时才能看到收益，这是一种误解。很多股权投资基金甚至刻意设立更长的基金期限，就是为了在基金存续期内万一遇到市场低谷期，可以有时间度过低谷期，待市场回暖后或风口期退出，从而给投资人创造更好的回报。

此外，股权投资基金还有一个投资人不得不面对的特点，就是不确定性。不同于固收类基金的收益和期限都是约定好的，股权投资基金的收益不确定，退出期限不确定，回本速度不确定，甚至投资哪些企业也不确定，所有这些都会根据市场情况灵活操作。如果碰巧遇到"黑天鹅"事件，或者行情整体低迷，那么股权投资基金可能会僵持好几年以等待机会；如果碰巧遇到好的风口，那么股权投资基金会加快资金回流，争取在风口退出，收益也会更好。抛开市场因素，被投的企业也充满不确定性。企业所在行业的周期，甚至企业创始人的婚姻状况、健康状况都会影响股权投资基金在该公司的投资回报。但这些不确定性也不全是风险，也可能伴随更多、更大的机遇。比如，软银投资了阿里巴巴，对孙正义来说，这个不确定性完全是个大大的惊喜。

股权投资基金的期限长且充满不确定性，这既是这类基金存在风险之处，也是这类基金的迷人之处。

股权投资基金的赚钱和亏钱逻辑以及适合人群

广义的股权投资涵盖企业首次公开发行前各阶段的权益投资，即对处于种子期、初创期、发展期、扩展期、成熟期和 Pre-IPO 各个时期的企业所进行的投资。具体来说，就是从天使轮到 A 轮、B 轮……甚至 F 轮，一直到 Pre-IPO 轮，直至上市，在每一个轮次，都可以有股权投资方参与进来。我们常听到"×××公司获得 B 轮或者 C 轮融资"这样的新闻，这里所说的融资，就是投资方通过股权投资的形式投资了这家公司，换句话说，就是投资方花钱买了被投公司的一部分股权。被投公司均为非上市公司，投资方可以在下一轮投资进来时以更高的价格卖掉手中的股权，或者未来被公司的管理层收购股权，最好的方式当然是持有股权，直到公司上市后卖出。

而狭义的股权投资可细分为私募股权投资（Private Equity，PE）和风险投资（VC）。PE 更侧重于对企业化的中后期投资，VC 更侧重于对企业的早中期投资，在实际操作中，两者的界限越来越模糊，都统称为股权投资。

从上述内容我们可以看到股权投资的赚钱逻辑，本质上其实就是投资方看好某个公司的发展，出资购买该公司的股权，可以参与或不参与公司经营，坐等公司发展壮大，再以更好的价格卖掉手里的股权，通俗地说，就是把鸭子养肥了之后去市场上卖掉。

投资于企业的不同轮次的股权，对应的风险和收益并不一样，这就是为何不同的股权投资基金投资于同一家公司，有的基金赚得盆满钵满，有的基金却被深套甚至亏损。这该怎么理解呢？以名震一时的电商

平台凡客诚品为例，我们看一下它的融资历程。从陈年创立凡客诚品开始，它前后进行了 7 轮融资：

2007 年 7 月，天使轮启动资金 700 万元，投资方：雷军等。

2007 年 10 月，A 轮融资 1000 万美元，投资方：联创策源、IDG 等。

2008 年 1 月，B 轮融资 1000 万美元，投资方：软银赛富。

2008 年 7 月，C 轮融资 3000 万美元，投资方：启明创投、IDG 等。

2010 年 5 月，D 轮融资 5000 万美元，投资方：老虎基金。

2010 年 12 月，E 轮融资 1 亿美元，投资方：联创策源、IDG 等。

2011 年 7 月，F 轮融资 2.3 亿美元，投资方：中信产业基金、嘉里集团和淡马锡。此时凡客诚品的估值为 30 亿～ 32 亿美元。

为何凡客诚品让人惋惜？因为历经前后 7 轮融资，累计融资额超过 4.2 亿美元，本来计划 F 轮之后直接上市，没想到因经营不善而日趋没落。但是，从它的融资历程我们可以清晰地看到，从天使轮到 F 轮，每一轮的估值都更高，融资资金都更多。如果某个投资机构在 A 轮投资进去，选择在 F 轮把股权卖给新进的投资方，那么从 A 轮估值为 3000 万美元到 F 轮估值为 30 亿美元，估值增长了 100 倍，那么这个 A 轮进场的投资机构即可获得 100 倍的回报（不考虑折价，这样方便理解）。这就是为何我们在面对股权投资基金的宣传时，常听到某基金投了某公司，获得了几十倍、上百倍回报的由来。

那如果该投资机构没有选择退出，而是一直持有呢？我们看到的现状是凡客诚品时至今日根本无法推动上市，所以，可能有些股权投资的钱就一直套在里面。这就是进行股权投资时可能出现的风险之一——根本无法退出。细心的读者可能会发现，越往后的轮次，因估值越高，股权融资的资金量就越大，因此深套在里面的资金越多——这就是不同轮次进去的股权投资机构承担的成本不同，越往后，随着估值的升高，要获得同样比例的股权，就需要更多资金。A 轮的投资方的资金就算全套进去，总共也就 1000 万美元，而 F 轮呢，总共套进去 2.3 亿美元。

如果凡客诚品进展顺利，如期上市呢？那就皆大欢喜，每一个轮次的投资机构都有机会套现退出，这些投资机构可以在凡客诚品上市后的股票解禁期结束后，把持有的股权全部抛售给股民，因此有一种谐谑的说法："二级市场的散户是股权投资最终的接盘侠。"值得注意的是，即便凡客诚品上市了，越靠近上市阶段轮次进来的投资机构赚得越少，甚至可能出现亏损，这怎么理解？正因为股权投资机构上市前就持股，按照证券交易规则，存在上市之后的解禁期，通常是 1 年或 3 年，这期间不能抛售股票，而谁又能保证解禁期结束时公司的估值仍然高于自己当时进去时的估值呢？比如，凡客诚品 F 轮的估值是 30 亿美元，如果上市后因经营不善导致公司股价暴跌，到解禁期结束时估值只剩下 20 亿美元，那么在 F 轮进入的投资公司就直接亏损，更别提在估值更高的 Pre-IPO 轮进入的投资公司。

如果凡客诚品不但顺利上市，而且一路高歌猛进呢？我们来看看腾讯的例子。腾讯（0700.HK）于 2004 年在香港上市，发行价为每股 3.7 港元，不考虑现金分红情况，从其上市至今，股价涨了 400 多倍。因此，如果被投公司发展势头一直很好，那么长期持有的回报也相当惊人。IDG 是腾讯的早期投资机构之一，但在腾讯上市前就早早地卖掉了腾讯的股权。如果 IDG 将腾讯的股权持有至今，回报该有多高。当然投资机构中获得回报最高的当然是在最早轮次进入的投资人，那时候公

司估值低，买入股权的价格低，这很好理解，同样 100 元卖，1 元进价和 80 元进价，当然是 1 元进价的回报高。

以上的例子，无论是凡客诚品还是腾讯，都获得过多轮融资，凡客诚品上市失败，而腾讯一路突飞猛进到今天。腾讯是较理想的被投公司类型，从融资阶段到上市到今天市值和股价起飞，投资人无论在哪个轮次投资，都能赚得盆满钵满。但我要说的是，很多公司都不如凡客诚品，可能才进行了 A 轮、B 轮融资，就因经营不善倒闭，或无法获得下一轮融资而使投资人被深套，那么这笔投资就失败了。越在早期投资，投资成本越低，但是风险也越大，因为大多数企业都在成立 2 ~ 3 年内倒闭。企业通常在早期经营不稳定，甚至团队不稳定，盈利模式需要打磨，市场需要捕捉……创业项目更容易流产。如果熬到中后期，被投企业有了稳定的运营模式，这时候投资的风险相对低一些，但是相应的投资成本也更高，毕竟相同比例的股权要花更多的资金去买。

股权投资是风险和收益相伴相随的投资方式，如果投资成功，回报是巨大的，但并非每个被投公司都能稳定发展到下一个投资轮次直至上市，比如凡客诚品就止于 F 轮。因此，分散投资是降低风险最好的办法。股权投资机构的基金往往不会孤注一掷只投资一家公司，而是投资自己擅长领域的一些公司，一只股权投资基金少则投资十几家，多则投资几十家、上百家公司。

股权投资适合这样的人群：他们首先能看懂股权投资的投资逻辑，明白企业的发展需要时间，像凡客诚品从 A 轮到 F 轮历时 4 年，腾讯从成立到上市历时近 6 年。股权投资绝不像炒股一样短平快，不管是什么类型的股权投资基金，一般都需要 5 ~ 10 年的基金期限。因此投资人需要拥有足够的耐心，具备长期投资理念，也就是要有耐心长期持有。同时，由于投资资金占用的时间长，因此，股权投资适合流动资金不吃紧，未来 5 年甚至 10 年不需要用这笔投资资金的投资人群，否则如果在投资期限内某个投资人需要单独进行股权变现会非常困难和麻烦。

什么样的股权投资基金最可能赚到钱

很多人进行股权投资的方式是直接自己掏钱投资某家自己认为优秀、有潜力的公司，在这家公司占股，然后等待这家公司发展壮大，待股权增值后参与分红。当然，如果该公司因经营不善倒闭，那投资者只能愿赌服输。这样直接投资的方式存在缺陷：一是我们很难用专业的调查方法调查该公司的实际经营情况，很可能被蒙蔽；二是我们个人身边很难有数量较多的优秀的创业公司供我们投资，即便有，对方是否愿意接受你投资还是未知数。真正的潜力股公司不会随便接受个人的投资。

不同于直接投资企业，市场上还有一种股权投资方式是投资于股权投资基金，即由基金挑选市场上优质的创业公司，分析这些企业股权增值带来的回报，投资人通过投资于股权投资基金从而间接投资优秀的企业。

在股权投资机构的数量方面，截至 2019 年 9 月，在基金业协会已登记私募股权、创业投资和私募资产配置类管理人的机构数量达 1.47 万家，管理基金资产的规模达到 9.38 万亿元。如果每个机构都发行一只股权投资基金，那么也有上万只股权投资基金。投资人如何用简单的**挑选逻辑**从海量的股权投资基金中选出最可能赚钱的呢？

（1）看过往业绩和成立运营时间。投资任何投资基金时都需要看其过往业绩。虽然过往业绩不代表未来的预期，但是过往业绩毕竟可以体现该基金一定的投资能力。要注意的是，我们要看其过往完整的投资业绩，因为，股权投资的周期比较长，动辄 5 ～ 10 年，有些投资基金甚至没有一个完整的业绩表现，也就没有太大参考意义。尤其是股权投资基金，很多都是估值账面回报，无法计算实际投资退出时到手的收益，这样的估值账面回报不能作为过往业绩进行参考。还要考虑投资基金的成立时间，因为投资要顺应经济周期，如果基金成立的时间太短，没经历过一个行业周期或一个经济周期，当时可能正好处在风口处，形势不错，之后万一遇到经济低迷或行业瓶颈，很难说这个投资基金和它的被投企业能够安全度过，因此运营时间至少 10 年的投资基金才有进行进一步分析、选择的基础。

（2）看股权投资基金合伙人团队成员的背景履历。查看股权投资基金合伙人团队成员的学历、工作履历以及其对行业的认识，要看其履历是否造假，投资过哪些企业，回报如何，等等。能够成为优秀的股权投资基金合伙人，往往说明其过去有过成功创业的经验，或者在大型知名企业任职至核心高管层，年龄至少 40 岁，对有关行业和公司管理等方面有自己独到的见解。因为私募股权基金的合伙人只需一张基金从业资格证，本身对学历和从业经历没有任何要求，所以很多私募基金合伙人完全是新手上路，甚至履历造假，基金就是个草台班子，这些对投资人来说都是风险和隐患。

结合以上两个参考维度来看，实际上市场上真正有能力给投资人带来良好回报的股权投资基金并不多。在任何领域投资都需要遵循二八定律，所以，要想在股权投资基金中赚到钱，就必须挑选行业里排名前20甚至前10的头部基金，这些基金全部满足以上三点筛选标准。同时，还有一条捷径，就是去看腾讯、阿里巴巴这种巨头明星公司，它们在成长的过程中都经历了几轮融资，看看给它们投资的投资机构有哪些，你会发现这些股权投资机构往往都很优秀。

而从股权投资基金的募集渠道来说，由于私募基金不允许公开发售，因此，优秀的基金拥有自己长期合作的募集渠道，如银行私行部、信托公司、基金公司旗下的财富管理部门等，募集来源包括社保基金、保险公司的保险资金、企业财团资金和体量大的个人资金……所以，我们只有找对渠道，才可能找到优秀的股权投资基金。

尽管目前股权投资基金在中国的投资市场非常活跃，但满足以上两个维度的股权投资基金不会充斥市面。但遗憾的是，大部分投资人投资的往往是二八定律中后80%的股权投资基金，最终能不亏钱都是好的，还有被深套其中痛苦不已的。所以，我们在面对真实的股权投资人群时会发现，一部分人说股权投资基金可以赚到钱，开心得像丰收的老农，而另一部分人愤愤不平，觉得股权投资基金都是骗子，其中的区别就在于他们投资的基金分别是二八定律中的二和八。所以，能否从股权投资基金里赚到钱，其实是看能否挑选到能赚到钱的那20%的优质股权投资基金。

股权投资基金市场的现状

自1986年第一家本土私募股权投资公司诞生至今，私募股权投资领域已经非常活跃，我们日常所见的各类优秀公司，如美团、饿了么、

腾讯、百度、阿里巴巴等，甚至物美超市、周黑鸭和三只松鼠等各行各业的优秀企业背后往往都能看到股权投资基金的身影。截至 2019 年 12 月底，私募股权、创投基金的管理规模达到 9.74 万亿元，私募股权、创投基金产品的数量达 36 468 只，股权创投基金规模占私募基金总规模的 70.9%。根据清科私募通数据显示，在全部 205 家申报科创板的企业中，背后共有 1177 家中外投资机构的身影，仅有 6 家企业没有 VC 或 PE 的身影，渗透率高达 97.07%。在行业方面，互联网、IT 和医药行业成为 2019 年股权投资机构最为青睐的行业。2019 年 1—11 月，中国企业在境内外上市的数量达到 287 家。其中，VC 或 PE 支持的中国企业的上市数量达 191 家，渗透率达 66.6%，总融资额为 3058.13 亿元人民币，VC 或 PE 支持的中国企业在境内市场上市日平均账面回报为 3.57 倍，上市后 20 个交易日的平均账面投资回报为 9.81 倍。（数据来源于《2019 年私募基金行业专题报告》）

在 10 多年前，私募股权基金还只是少数有钱人有机会投资的领域，而如今随着金融市场的发展，普通人可投资的种类越来越丰富，即便是普通人也可能跨越 100 万元起投的门槛，以参与股权母基金的形式参与优秀的股权投资基金。随着人们对长期投资理念的接纳和理解，私募股权基金的投资已成了许多人进行财富管理的重要手段。

股权投资基金的资金投出去后，最重要的是如何将资金从被投企业退出，否则永远都只是看到账面回报，看不到钱。上市退出、并购退出和对赌退出，是正常退出的三大渠道。随着科创板开板，私募创投基金的上市和退出又增添了新渠道，创业板注册制的落地，A 股首发上市的平均审核时长被大幅压缩，大大提升了私募创投基金的退出效率。而随着注册制的深入推进，IPO 将呈现常态化发展，私募创投基金的投资和退出更加活跃，这都大大利好私募股权投资。

市场上很多股权投资基金产品的宣传话术中都强调该股权投资基金投资某家公司退出后赚了多少倍，面对这种话术，我们要明白一个事实：一只再好的股权投资基金，都投资过失败的公司，公司可能经营不善，可能被跨界企业打败，可能盈利模式不行，可能合伙人闹翻等最终经营不下去，破产清算。举例来说，有一家生产和销售城市自行车的公司原本前景很好，可是由于共享单车的出现，结果经营失败，团队解散。像这样的被投公司，没有机会上市、被并购或者让股权基金对赌退出，投资于这些公司的资金也只能是被深套或在清算时能算回多少是多少，股权投资基金的这笔投资明显必亏无疑。因此，所有被投公司——投资失败的被投公司和获得高回报的被投公司的平均收益，才是一只优秀的股权投资基金的参考收益。比如，联想旗下的君联资本，第一期投资基金的整体回报超过 7 倍，IRR（Internal Rate of Return，内部收益率）年均约 30%，已经算业内优秀的投资回报了（此处请注意：IRR 和年化收益率并不是一回事），并不像某些基金吹嘘的那样一年就赚好几倍的神奇业绩。如果是股权投资母基金，那内部收益将会被平均得更厉害。

总之，机遇和风险并存的股权投资基金不像股票投资波动那么大，也不像股票投资那样买卖方便。因为存在流动性的限制（资金锁定周期长）和退出渠道的限制，所以我们在做股权投资时需小心谨慎。

购买股权投资基金需要注意的事项

股权投资基金和我们平时接触的其他基金在理解和购买的时候存在很多不同，以下，我罗列几个典型之处供大家参考。

1. 基金的管理者是"合伙人"，不是"基金经理"

我们做股权投资基金其实是买入股权投资基金的基金份额，帮我们管理股权投资基金的资金的叫作基金管理人，在股权投资领域，基金管理人往往是××股权投资机构、创投机构。比如，雷军的顺为资本就发了好几只股权投资基金，顺为资本即基金管理人。我们知道公募基金公司中的基金都是有基金经理的，由某基金经理负责某只公募基金的投资管理；而具体负责对某只股权基金进行投资管理的人，我们称之为"合伙人"。在公募基金公司我们会看到不同的基金经理，而在私募基金范畴的股权基金领域，我们会在股权投资机构或者创投机构看到不同的合伙人，这个领域的合伙人类似于公募基金的基金经理的性质。

因此，在购买公募基金的时候，我们考察的是基金经理的投资水平如何；而在购买股权投资基金的时候，我们考察的是合伙人的投资水平如何，包括他的过往业绩、投资策略、投资理念、从业年限及经验履历等。

2. 股权投资基金的形式和收益分配方式

可能有读者好奇，为什么叫"合伙人"而非"基金经理"呢？这是因为根据采取的交易结构和组织形式的不同，私募基金可分为有限合伙型私募基金、契约型私募基金和公司型私募基金三类。在有限合伙型私募基金中，普通合伙人由创投机构或股权投资机构担任，负责基金的日常运作和投资，并承担无限责任；有限合伙人，也就是购买股权基金的投资人，不插手基金的任何投资决策，将资金委托普通合伙人管理，并以出资额为限承担有限责任。

市场上的股权投资基金均以有限合伙的形式最终投资到被投企业中，之所以这样，是因为契约型基金并非法律主体，不能作为一个机构或法人主体入伙，也无法办理工商变更手续。虽然在合同约定的条件下，可委托管理人作为一个主体代为办理相关手续，但是在实际操作中，股权投资基金均为有限合伙的形式，因为有限合伙企业无须缴纳企业所得税，对于有限合伙人来说，可以避免双重纳税，这是其他基金形式无法比拟的。

在前文中我们也提到过私募基金不同于公募基金的独特二八分的分配方式，也正因为基金管理人和基金投资人虽然都参与收益分配，但实际上并不具有同样的收益权，因此用公司制也不合适，即便有些股权基金在募集的时候是以契约型基金方式募集的，但该契约型基金最终依然要以有限合伙的形式投资到被投企业中。

3. 没有"基金净值"一说，而是叫作"基金账面回报倍数"

习惯购买公募基金以及私募证券基金的投资人会对私募股权基金的信息披露极度不适，因为私募股权基金没有"基金净值"这个说法，不会每天或者每周公布基金净值。比如，某证券投资基金上周净值是1.15，这周净值是1.25，我们就知道这只基金一周涨了约8.7%。而私募股权基金是以本金的倍数来表示浮盈，通常说浮盈多少倍。比如，某股权基金期限是10年，已经运作了3年，在投后报告中我们看到"1.45×"，投资人可以简单理解为是基金本金的1.45倍，同时由于股权

基金所投企业的公允价值不像股票、证券那样每时每分每秒都有价格，公允价值的计算更复杂，账面回报倍数的信息披露方面不会像证券基金那样频繁变动，证券投资基金业协会要求股权投资的投后信息披露频率是必须有半年报和年报，对季报不做强制要求，这一点和证券私募基金不同。证券私募基金的信息披露报告包括月度报告、季度报告和年度报告，并且均为强制性要求。因此投资人不必因为股权基金没有像证券基金一样每天或每周公布净值，就认为该基金有问题。

其他关于如何识别私募基金骗局，后面的章节会讲到。总之，股权基金是属于单笔投资金额巨大，且投资期限长、流动性差的一种投资品种。读者朋友如果考虑的话，的确需要具备成熟的投资心态和足够丰富的投资经验。

八、为什么说期货和现货这两种投资产品不要轻易尝试

我记得几年前曾有段时间，网上有不少炒原油期货的 QQ 群，当时听说其中有些人"赚得盆满钵满"，还有很多人为了获利甚至不惜花费几万元、几十万元的课程费，甚至有个网友告诉我，为了炒期货她连嫁妆都赔进去了……后来在经侦部门介入后，这样的群才消停了不少。我当时就在思考：到底是什么样的人如此热衷于做这样的事？看到这样的事例，我们不得不承认，本章介绍的投资类别难度的确非常大。

什么是期货和现货

2020 年，轰动一时的"原油宝"事件的投资方式就属于期货投资。期货投资领域的投资人更疯狂，因为杠杆更高，可能博得的收益更高，短时间内博一博，可能"单车变摩托"，当然也可能短时间内倾家荡产。我们现在把期货和现货放在一起来看，对二者的理解就会更清晰。

期货交易的标的不是实物，而是以某种大宗产品如棉花、大豆、石油等，或以金融资产如股票、债券等为标的的标准化可交易合约。因此，这个标的物可以是某种商品（如黄金、原油或农产品），也可以是金融工具。需要提醒的是，期货也可以实物交割，但是仅限企业可以这样操作。

我们通过一个小故事来通俗地理解一下期货。举例来说，假设你特别喜欢吃猪蹄而去市场购买，当天猪蹄的价格是 20 元 / 斤，你根据市场行情进行判断，觉得 3 个月后猪蹄会涨价，你怕到时候吃不到便宜猪蹄，于是你和老板约定，3 个月后的 × 月 × 日你再来买猪蹄，老板还是按照 20 元 / 斤的价格卖给你。但口说无凭，于是，你们找来市场的管理员当公证人，管理员觉得可以为你们约定的这件事"公证"，但又怕万一到时候你不买，于是让你交保证金。3 个月后，猪蹄果然涨到 50 元 / 斤，但你依然可以按照 20 元 / 斤的价格买猪蹄，于是你赚了。但是万一你对市场判断失误，3 个月后猪蹄的价格反而跌至 15 元 / 斤，那么你每买一斤猪蹄反而亏 5 块钱。

但是实际的期货可不像我们现实生活中这样小打小闹。人们设计期货市场的初衷是为生产者锁定价格下跌风险，保障销售盈利；为需求者锁定价格上涨风险，保障成本可控，进行套期保值；提供分散、转移价格风险的工具，有助于稳定国民经济。简而言之，期货的特点是价格发现和套期保值。当然，对投资者来说，期货还具有投机和投资功能。

相比而言，现货交易就简单一些。大宗商品现货交易特指专业从事电子买卖交易套期保值的大宗商品批发，又被称为现货市场。现货交易的大宗商品包括棕榈、橡胶、建材等农业及工业原材料，这类商品与大众消费品相对立，具有单次贸易量巨大、加工程度低、不能直接被消费者使用等特点，商品处在非零售环节，往往是商家之间进行大额、大批量交易，有专门的产业交易市场，以现货交割为目的，通过计算机网络进行集中竞价买卖、价格行情实时显示、一手交钱一手交货的实物交易方式，统一撮合成交，统一结算付款，拥有独立的仓储系统和物流系统。现货大宗商品电子交易中心的建立就是为了服务大宗原料类商品的流通，成为行业的信息中心、交流中心、物流配送中心和结算中心，所以主要是服务商家的，但是作为投资者也可以进去投机。

目前，国内正规的期货交易所有四家，分别是中国金融期货交易所（中金所）、上海期货交易所（上期所）、郑州商品交易所（郑商所）和大连商品交易所（大商所）。此外，还有一家交易中心——上海能源交易中心，是一家原油期货交易所。期货平台受证监会监管，期货经纪商开户即可参与投资。现货大宗商品目前由商务部主管，没有成文的监管保护，由市级以上政府部门批准设立。正因为如此，所以我们务必谨慎对待市场上的现货投资平台。

期货投资和现货投资的赚钱逻辑以及适合什么人投资

张小姐用 10 万元进行大豆期货投资，假定交易所规定的初始保证金的比例是 10%。她于 1 月 1 日以 1 万元 / 手（手是交易所定的，如 10 吨为 1 手）的价格买入 3 月 1 日到期的合约。

因为初始保证金的比例是 10%，所以张小姐可以用 10 万元买入 100 手即价值 100 万元的大豆合约。她需要支付的保证金为：100 手 ×1 万元 / 手 ×10% ＝10 万元。10 万元刚好够她支付保证金。

第二天，即 1 月 2 日，大豆合约价格上涨了 10%（当然是因为大豆价格上涨），张小姐就可以将合约卖出，她可以赚 100 手 ×1 万元 / 手 ×10% ＝10 万块，收益率是 100%！同理，如果价格下跌 10% 的话，她的收益率将为 −100%。这时，张小姐的全部保证金只够支付这份期货交易中亏损的钱了，她如果想再进行期货买卖，就必须追加保证金。如果她

不追加，交易所为了保证对方的利益，就会强制张小姐平仓①。

为何张小姐只用 10 万元就可以进行 100 万元的投资？因为在期货市场上，交易者只需按期货合约价格的一定比率交纳少量资金作为履行期货合约的财力担保便可参与期货合约的买卖，这种资金就是期货保证金。这样的交易机制使得期货拥有了高杠杆，可以以小博大，该次期货交易的杠杆具体有多高，只要用 1 除以保证金比例即可算出。上述案例中，10% 的保证金，那么期货杠杆即 1/10%＝10。我们可以看到，进行期货投资可能短期内收益率非常高，当然也可能短期内亏得特别惨。正因为如此，如果我们把期货交易当作投资，那么期货投资比股票投资更具赌博性质，能赚到钱的终究是少数，这就是为何我们经常听到有人玩儿期货玩儿到倾家荡产。而商家是通过期货进行套期保值以保障生产，期货市场最初并非想成为投机市场，而是为了稳定国民经济。

做期货赚到钱的前提是做对方向。价格是上涨的，则投资者须持有多单；价格是下跌的，则投资者须持有空单。如果持仓方向错了，一切努力都白费。因此期货投资对投资者的操作要求非常高，否则一脚踩空，风险很大。期货投资适合拥有一定经济能力和风险承受能力的投资人，同时心态良好，懂得止损。

至于现货大宗商品交易，比如农产品原料、工业原料这类大宗现货商品并不适合普通人参与，因为参与时需要的资金量巨大，且为现货交易。通常现货大宗商品交易往往是商贸企业参与。现货交易本来就是为了发展和稳定生产，优化资源配置，提升交易和物流效率，其交易不以

---

① 平仓就是结束手里的合约。如果当初买入了合约，平仓就是卖出；如果当初卖出了合约，平仓就是买入。

投资和投机为目的，同理，原油现货也一样。

而像黄金和白银这类贵金属的现货交易，个人投资者可以做黄金T+D（T 是 Trade 的首字母，意思是"交易"；D 是 Delay 的首字母，意思是"延期"）和白银 T+D，这是以保证金的方式进行的一种现货延期交收业务，可以直接在银行开通此业务来进行买卖做单交易，可以买涨买跌，可以长期持有，也可以当天买卖。只要求付 10% 的首付款（保证金）便可以交易 100% 的金额，杠杆达到 10 倍（原理同上文案例）。

不同于期货，做这类 T+D 交易的话，个人投资者可以将投资换为实实在在的黄金或白银，而且是国库金、国库银，纯度有保证。纸黄金和纸白银属于现货交易且零杠杆，属于保守投资类型；而黄金 T+D 和白银 T+D 因为具备杠杆，适合拥有一定风险承受能力且心态稳定的投资人。

要注意的是，目前我国只有上海有两大国家级的交易所——上海黄金交易所和上海期货交易所经营白银的投资产品，其中上海黄金交易所是我国唯一一个正规的现货黄金交易市场。简而言之，涉及黄金、白银现货或者期货投资，除这两家外，都非国家认可的官方平台，市场上其他炒黄金和白银的平台原则上均为非法平台，投资者被骗的风险很大，而且，一直以来，投资者炒黄金、白银现货被骗的新闻层出不穷。

虚拟币的投资现状

对于比特币这样的虚拟数字货币，各个国家所持的态度不同。出于金融安全和防范货币体系受到冲击等多方面因素考虑，2021 年 5 月，国务院金融委宣布打击比特币"挖矿"和交易行为。随后，中国互联网

金融协会、中国银行业协会、中国支付清算协会又联合发布了《关于防范虚拟货币交易炒作风险的公告》，防范虚拟货币交易炒作风险。无论是比特币还是其他各种虚拟币，目前都没办法在国内取得合法的生存空间。目前，市场上存在几百种类似比特币的虚拟币，虚拟币的数量还在不断增加。许多虚拟币的名字千奇百怪，但获取的实质主要还是依靠运算，即"挖矿"。这些虚拟币在币圈的地位也不同，比特币是虚拟币的风向标。

很多虚拟币仅为一串代码，并没有真正的价值，投资虚拟币的风险很大。有些不法分子打着"金融创新"和"区块链"的旗号，通过发行所谓的"虚拟货币""数字资产""数字通证"等吸收资金，侵害公众的合法权益。以"虚拟货币""区块链"等名义非法吸收资金的行为并非真正基于区块链技术，而是借炒作区块链概念的名义行非法集资、传销、诈骗之实。毕竟这些骗局实施成本极低，搞套源码，写个白皮书，找几个像是技术人员的人拍照片宣传一番，然后掏些钱上众筹平台进行众筹即可。比如，众筹到1000万元后，花100万元上交易平台，然后再用200万元在虚拟币交易后面拉盘，使其翻几倍，然后砸盘走人，轻轻松松赚至少700万元，比如，著名的"空气币"骗局。在2017年的6月份前后，国内一批投机分子看到虚拟币的市场异常火爆，就虚构了一些所谓的货币即"空气币"进入市场，这些货币既没有实体项目支撑，也未在GitHub（代码托管平台）上发布项目代码的进度。有一些"空气币"的发行商甚至没有成立公司，只是在网络上吹嘘区块链具有无所不能的功能，忽悠一些投资者投资，以此圈钱，简直是无本万利。

上述这类所谓的虚拟币虽然外在的形式千变万化，但都没脱离其庞氏骗局的本质。投资者投入越多，最后损失越大，严重者可能倾家荡产。这些虚拟币交易平台给投资者的承诺都是让参与者快速挣钱，利用新投资者投进来的钱向老投资者支付利息和短期回报，以制造虚拟币赚钱的假象，进而骗取更多的投资。当没有新投资者入场时，老投资者的回报一级接一级地崩塌，最后的结局往往是提现困难，或网站根本无法打开。

因此，我不建议大家入场虚拟币。

九、人人都喜欢的避险投资产品是什么

很多人一聊到美元，似乎一下子就成了"国际投资者"。广大金融消费者对黄金和美元既熟悉又陌生。之所以说熟悉，是因为我们在日常生活中会接触或者听到，而大部分人接触黄金更多，美元这个名词似乎更多地存在于电视节目中；之所以说陌生，指的是我们其实并不是很清楚它们对我们的财富收益产生影响的底层逻辑。

对黄金和美元，我们要有的基本认识

无论是过去还是现在，无论是战争年代还是和平年代，黄金的人气都经久不衰。国家储备黄金，老百姓喜欢买黄金，有人在家里囤黄金，有人喜欢佩戴黄金首饰……黄金既有货币功能，又是一种战略资源，这是为什么呢？

我们经常听说黄金有避险功能。没错，黄金作为一种特殊的大宗商品，拥有商品、货币和避险等多重属性。其商品属性是指黄金是许多产业的重要原材料，比如中国人婚嫁时都喜欢买黄金首饰。黄金目前依然在发挥其货币功能，能够作为支付手段，仍是被国际各国接受的国际结算方式；并且，黄金事关国家金融安全，是一个国家国际储备的重要组成部分，所以黄金具有货币属性。每次发生经济、战争或金融危机时，黄金又成为资金的避风港，大量资金涌入黄金市场，所以黄金也具有避险属性。在不同社会经济时期，黄金属性的表现形式和相对地位会有所变化。

可以说，黄金是全球最古老的金融工具。在过去金本位时期，每一种货币都有法定的含金（黄金）量，各国货币按其含金量而形成一定的比价关系，以此实现各国家至今的货币流通换算。

而美元又是怎么回事呢？

1914年"一战"爆发以前，主要的资本主义国家都实行金本位制。但随着"一战"的爆发，各国为了便于筹措战争经费，放弃了金本位制。"一战"后，在恢复经济的过程中，各国试图恢复金本位制，但是由于黄金铸币流通的基础已经被削弱，之前典型的金本位制不可能再恢复。当时，除了美国以外，其他大多数国家只能实行没有金币流通的金本位制——金块本位制和金汇兑本位制，而这两种制度在1929年至1933年世界性经济危机的冲击下，也逐渐被各国放弃。直至"二战"后，美国作为"一战"和"二战"的重要受益国，在经济上不断超越其他资本主义国家。当时，美国国内生产总值在全球所占的比重已达53%，占据了世界经济体量的一半，而且掌握了全球80%左右的黄金储备，经济实力和军事实力雄踞世界第一位，于是，美国于1944年提出了"布雷顿森林体系"。

布雷顿森林体系指的是各国在其国内实行信用货币制度（纸钞），在对外货币关系中实行与美元挂钩的固定汇率制度，各国货币当局可用美元外汇储备按照约定价格向美国货币当局兑换黄金。这是一种"以美

元为中心，以黄金为最后储备单位"的国际货币制度。自此，美元成了一种准世界货币，美元与黄金之间也发生了重大关联。通俗来说，就是各国的货币均被锁定以美元为参照，而美元只锁定黄金，每 35 美元兑换 1 盎司黄金，如果美国多印 35 美元，那么美国金库里就要多储备 1 盎司黄金，因此不能滥印美元，美国想做世界的中央银行。

这个局面和体系之所以得以稳定和达成，是因为当时美国储备了全球 80% 的黄金。但是，后来美国发动的两场战争——朝鲜战争和越南战争，仅越南战争就消耗了美国数千亿美元的军费。按照美元锁定黄金的标准，美国每流失 35 美元就意味着流失 1 盎司黄金储备。这时候其他各国首脑对美元产生了怀疑，各国纷纷拿储备的美元换回黄金，于是，美国支撑不住了。1971 年，时任美国总统尼克松宣布关闭黄金窗口，美元与黄金脱钩，布雷顿森林体系开始瓦解。

大家原来使用美元，是因为美元背后有黄金支撑。那时，美元成为国际流通货币、结算货币、储备货币已经实行了 20 多年，人们已经习惯使用美元。而美国宣布美元和黄金脱钩，那么各国手里的美元就变成了纯粹的纸币，当进行国际结算时该用什么货币对商品的价值进行统一衡量？当这个问题摆在各国面前时，1973 年，美国又宣布美元和石油挂钩。在那之前，全球的石油交易可以用各种国际流通货币结算，但是从 1973 年 10 月以后，全球的石油交易必须用美元进行结算。

国家发展必须拥有能源，比如石油。而如果要拥有石油，就必须用美元购买，于是，美元霸权正式开始，美元开始成为真正的世界货币。在欧元诞生之前，全球的流通货币是美元，美元在全球的结算率一度高达 80% 左右。通俗来讲，如果某个国家想在世界各地购买国家发展所需的东西，那么80%的东西都要用美元购买，所以，各国都开始拼命赚美元。

黄金和美元的抗通胀、避险原理并不相同

我们时常会听到许多关于美元抗通胀的说法，比如，有人说："100年间美元平均每年贬值3.3%，30年间人民币平均每年贬值9.3%。"暂且不论这些具体数据是否准确，不过美元所谓的抗通胀，其实是美国靠全世界的国家来为自己抵消通胀。

通胀的直接原因是货币超发，美联储不仅不可能不印钱，而且会大印特印，只是美联储印钱的目的可不是把钱留在美国导致通货膨胀的，而是通过自己在全世界的银行，使美元低息流向世界各地，在美元"开闸放水"时期，美元的供应量增大，资本的资金流量增大，大量的资本向美国外溢，尤其是发展中国家。

为什么不把美元留在美国？因为美国自1971年使美元和黄金脱钩后，逐渐进入产业空心化阶段，就是"脱实转虚"，把它认为的低端制造业、低附加值行业都转向发展中国家，而自己主要靠"玩金融"赚钱。2019年，在美国21.43万亿美元的GDP中，服务业高达17.36万亿美元，占美国经济总量的81%，其中很大一部分是金融服务业。可投资的实体经济少，所以美元当然要流出去找机会。

很多人喜欢美元，认为美元属于强势货币，可以抗通胀。现在我们知道了，美元之所以抗通胀，主要是它被印出来后给别的国家使用，让全世界来帮美国抵消通胀。说到这里，你可能会问："为什么只有美国进行这样的操作，别的国家不行吗？"答案是"不行！"

　　前文说到，在欧元诞生之前，也就是 1999 年之前，美元在全球的结算率一度高达 80% 左右，即使欧元诞生以后，2019 年，美元占全球支付市场的份额依然达 40.08%。这是什么意思呢？简单来说，就是 40.08% 的国际贸易必须用美元，而非别的币种进行结算。石油贸易就是典型的例子，国家的经济发展需要能源，需要购买石油，就必须用美元结算。正因为必须用美元才能办事儿，所以即便美国超发货币，其他国家也不得不去赚美元，储备美元。

　　至于美元的避险功能，主要是因为美国军事实力强大。"二战"后，美国为了维护美元的霸权地位，发动了多起战争，如伊拉克战争、阿富汗战争和科索沃战争等，时刻向世界宣告它是最强大的，因此一旦全球其他区域发生政治和经济动荡，资本就迅速流向美国。

　　相比之下，黄金的避险功能就显得朴实。一般来说，战争一打响，黄金就上涨，恢复和平，黄金就回落，所以我们中国有句话叫作"大炮一响，黄金万两"。在乱世中，黄金的正确使用方法是：携带黄金从发生战事的地区至局势平稳的地区，通过当地尚安稳的金融系统，把黄金兑换成当地货币，再利用当地货币在当地生存下去。黄金在任何国家都可以发挥货币的作用，甚至即便没有国家，假如全世界的货币都失去了它的价值，黄金依然是黄金，依然有它的价值。所以，黄金是任何时候都行得通的硬通货。

　　前面我们提到黄金有三个不同属性——商品属性、货币属性和避险属性，在不同的社会政治、经济状况下，这三大属性的强弱表现不同。影响黄金价格波动的不是只有战争，并非一发生战争，黄金价格就会上涨，在科索沃战争期间，黄金的价格甚至还下跌了 9.64%，因为黄金价格不仅受战争影响，也受供需关系影响。总体来说，影响黄金价格的因素有：央行的买卖行为、政府政策、生产国的外汇情况、美元汇率、政治事件和局势、预期价格、利率、开采成本和开采技术、预期成本和利润、珠宝行业情况、工业用金需求、社会习俗等。在不同情况下，影响金价的主导因素不同。

黄金和美元的投资方式有哪些

1. 黄金的投资方式

2013 年，华尔街大鳄出手做空黄金。2013 年 4 月 15 日，国际黄金价格一天之内下跌 20%，当时黄金价格在每盎司 1300 美元左右，于是"中国大妈"出手 1000 亿元人民币，将华尔街卖出的黄金照单全收，300 吨黄金被一扫而空，整个华尔街为之震动。为此，《华尔街日报》甚至专创了一个英文单词——"dama"。当时，"中国大妈"对黄金的购买力使得国际金价创下 2013 年内单日最大涨幅，导致华尔街做空黄金的企图受挫。如今，相较于 7 年前，黄金的价格涨幅早已超过 30%，投资回报虽然算不上多高，但如果把黄金当作避险工具来说，有收益就算是很不错了。

当年，"中国大妈"疯抢的实物黄金，是黄金投资理财的方式之一。黄金的投资理财方式有以下几种。

（1）与黄金相关的股票。该类股票主要有两种类型：一类是与黄金生产有关的股票，另一类是与黄金销售有关的股票。因为黄金具有商品属性，作为商品的黄金，价格上涨或下跌都会影响黄金的销售，黄金的销售则影响黄金生产商的生产，与黄金相关的股票也会随之波动，紫金

矿业、银泰黄金、中金黄金、湖南黄金、山东黄金和老凤祥等均为与黄金有关的公司，我们可以借黄金主题类基金投资这些公司。

（2）黄金ETF以及黄金QDII。黄金ETF是一种以黄金为基础资产，可以在证券市场交易的投资方式。黄金ETF通常以1/10盎司黄金为一份基金单位，每份基金单位的净资产价格就是1/10盎司现货黄金的价格减去应计的管理费用。黄金QDII基金主要投资于海外的黄金ETF，业绩比较基准以追踪伦敦市场的黄金价格为主。交易和变现都方便，流动性好。

（3）实物黄金。一般投资额较大。如果量比较大，还需去银行租用保险柜保管。交易和变现都比较方便。

（4）黄金首饰以及纸黄金。黄金首饰的购买价格比金条高，毕竟还有设计、加工等费用算在价格里面，我们中国人喜欢黄金首饰是因为其一方面可以当首饰，另一方面有保值功能。而纸黄金是一种个人凭证式的黄金，投资者按银行报价在个人的黄金账户上买卖虚拟黄金，通过把握国际金价走势低吸高抛，赚取波动差价。目前，纸黄金是黄金投资的主要方式，起投门槛低，参与度高，交易方便。

2. 美元的投资方式

对我们来说，黄金投资比较方便，美元的投资则相对麻烦一些。

很多投资机构呼吁投资人持有美元，以对冲单一持有人民币的风险，这是什么意思呢？

2020年初，国家统计局公布2019年全年人民币对美元汇率贬值4.1%，而在过去几年中，随着政治、经济以及币种流动性等因素的影响，美元对人民币的汇率也一直处于波动当中。2018年初，在岸、离岸人民币对美元汇率双双涨破 6.4 关口，当时人民币对美元的汇率进入了 "6.3 时代"，更曾有一度人民币对美元的汇率进入了 "7.0 时代"。正因为有这样的汇率波动，我们在美元价格低位时持有一些美元，也可以抵消、对冲一些人民币贬值的风险，更重要的是，如果出国旅游、留学需要美元的话，在美元价格处于低位时储备一些，就不至于因为汇率波动为购买美元花费更多人民币。

如何合法获得美元？我国公民每个人都有 5 万美元的外汇额度，也就是说，每个人每年都可以合法兑换 5 万美元，某年的 5 万美元的额度用完就不能兑换了，要等第二年恢复额度。注意这个 5 万美元的外汇额度，是泛指每人可以兑换与 5 万美元等额的任意外币，而并非只能兑换美元。假如你今年想要 15 万美元的话，不能用他人的外汇额度，但你的直系亲属可以把他换好的 5 万美元或等额外币转账给你，其他方式都不可以。如果其他人购汇后转给你的话，就属于外汇局严打的蚂蚁搬家式分拆购汇，我们不要以身试法。

以合规的方式获得美元后，我们就可以选择在银行做美元理财，或将美元直接在账上存着也是一种持有外币的方式。除此之外，常见的美元投资理财方式还有以下几种。

（1）在美国或者美元区置业。当地核心地区房产的市场价格较平稳，可达到资产保值的目的，只是需要熟悉购买和交易流程，熟悉当地的税务规范。

（2）开设美股或中国港股账户投资。国内很多券商都可以开设美股或中国港股账户，可以持有优质公司的股票，做长期投资，或者投资指数基金，间接参与股市。

（3）购买美元币种的港险。购买港险时，在币种方面既可以选择港币，也可以选择美元，这也是美元投资理财的重要方式。

（4）投资海外的美元基金。在香港地区的当地银行均可以直接认购海外公募基金，在内地银行也可以通过 QDII 形式参与海外投资，还可以通过内地的外资银行参与海外公募基金的认购。

对很多国内投资人来说，海外投资市场相对陌生，如果我们作为投资人对国内投资市场都不熟悉、没看懂，不建议贸然进行海外投资。

适合进行黄金和美元投资的人群

我们配置黄金和美元的目的是防止因人民币贬值而使自己的财富缩水。在过去几年里，人民币兑美元的汇率一直在波动，从 2016 年的 6.9 到 2018 年的 6.27，当人民币汇率下跌时，各种营销软文和市场宣传都在喊："人民币贬值，快去做一些保值的动作啊！"曾经有人惴惴不安地问我，人民币在贬值，他应该换多少美元以对冲人民币贬值的风险。我问对方大概有多少资产，对方答曰："存款 5 万元。"我的建议是他不用考虑换美元。因为一国币种贬值，对该国不同人的影响是不一样的。

就拿伊朗的货币来说，伊朗货币里亚尔兑美元的汇率在 2020 年 1 月 2 日 1 天内就暴跌 15%，2019 年全年其汇率已经暴跌 60% 以上，通货膨胀率超过 40%，为 1980 年以来最高水平，位居全球第三，伊朗货币里亚尔已经相当不值钱。

汇率崩盘、严重的通货膨胀对伊朗不同人群产生了不同的影响。伊朗的一些富人在伊朗国内也持有商业、民用住宅等不动产，但其主要资产和收入来源都在海外，所以其财富受汇率波动影响较小；而伊朗的穷人因为较少购买进口产品，能满足日常生活基本需求的必需品大多又有政府补贴，所以其生活支出虽受影响，但仍在可接受范围。受伊朗汇率崩盘影响最大的当数伊朗庞大的中产人群，因为他们几乎没有海外资产，收入以里亚尔计算，又有购买进口产品和出国留学或旅游的需求，受本次汇率风波影响，数百万中产人群的财富一夜之间缩水，相当于被变相抢劫。美国制裁引起的汇率暴涨，致使伊朗社会的贫富分化愈加严重。

值得注意的是，这里说的不受影响或者受影响较小的伊朗富人，有部分资产配置在海外，同时在海外也有源源不断的收入，虽然在本国持有不动产，但有可能自己本身就在海外生活，因此本国的货币贬值对其生活影响不大，对其资产贬值的影响也小。如果伊朗富人的资产全部集中在伊朗国内，那么可想而知受到的影响会更大，财富会严重缩水。

说到物价的涨幅，就不能不提委内瑞拉。委内瑞拉的物价在 2019 年 4 月份涨幅达到了 282972.8%，成为全球物价上涨幅度最高的国家。据英国《金融时报》报道，由于物价涨幅太高，纸币的购买力骤降，委内瑞拉国人倾向于使用黄金或比特币等加密货币来保持财富。

汇率稳定对一个国家的金融稳定、经济稳定非常重要，俄罗斯卢布和阿根廷比索暴跌都是前车之鉴。所以一些国家的某些理财意识强的人群会配置黄金、海外的美元资产，以对冲本国货币贬值、通货膨胀导致的财富缩水。

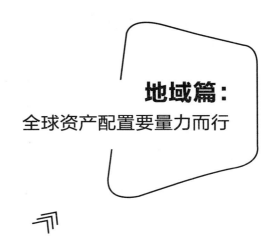

地域篇：
全球资产配置要量力而行

　　曾有段时间，我的微信朋友圈中关于海外资产配置的内容多到刷屏，甚至一位曾在国内房产中介公司任职的业务员开了一家海外资产配置公司，转销东南亚房产。他很自信地告诉我，东南亚的房产很好卖且佣金更高。还有段时间，内地客户赴香港买保险的场面也很火爆，但其中不少港险客户属于不明就里跟风而动。

一、为什么我们要进行全球资产配置

我们常说"不要把鸡蛋放在同一个篮子里",因此,进行资产配置时要把资金分别配置在彼此相关度低且优质的资产中。而对于资产量较大的人来说,在他们的"不要把鸡蛋放在同一个篮子里"的投资理念中,"篮子"指的是不同的国家。

目前,我们所说的海外资产配置,主要是针对中国居民的离岸资产进行的境外资产配置,其配置形式包括不动产、股票、基金、债券、外汇、保险和另类投资等。过去几年,随着投资政策与投资渠道逐步开放,国人的海外资产配置呈现出一片火热景象。而资金少的人也可以通过证券公司渠道开通美股账户,参与一下最简单便捷的美股交易。但我国是外汇管制国家,每人每年仅有 5 万美元的外汇额度,因此在进行海外投资时千万注意不要违反外汇管制条例。

普通人则大可不必有如此担忧,如果仅有 5 万元人民币存款,就没必要担心人民币贬值对自己的资产产生影响,与其各种担心,不如多学习技能,让自己的工资涨起来。

二、国外投资理财的金融产品及其适宜人群

海外基金和国内的基金类似，我们可以简单理解为同样有公募基金和私募基金，公募基金投资门槛低，大众均能参与，可以随时卖出或赎回，而私募基金投资门槛高，只有少数符合投资条件的投资人才能参与。其实，参与海外基金投资最偷懒的方式就是直接通过国内的 QDII 基金进行海外基金投资。QDII 基金指的是在一国境内设立，经该国有关部门批准，从事境外证券市场的股票、债券等有价证券业务的证券投资基金。简而言之，QDII 基金的设立目的就是方便人们进行海外投资。各大公募基金销售平台均销售 QDII 基金，既有债券类 QDII 基金，也有不同国家市场的股票型 QDII 基金，还有对应指数型 QDII 基金……这些都是国家通过正规渠道发行的基金产品，以满足大众对海外投资的需求，可供选择的种类繁多。人在国内不用兑换外汇，只需用人民币就能投资自己感兴趣的海外基金。

此外，国内的外资银行也常年代销各类海外基金公司发行的公募基金，如贝莱德旗下基金、施罗德旗下基金和摩根旗下基金等，所以我们还可直接在外资银行开户，以人民币的形式购买这些海外基金。还有不少人购买港险的投连险，其实港险的投连险也多是保险公司把投保人的

保费用于购买海外的公募基金。

　　值得注意的是，相较于国内市场，海外基金市场对于投资人来说更显陌生和难以捉摸。无论是 QDII 基金，还是外资银行代销的海外公募基金，它们均为非保本浮动型基金，因此在进行这类基金的投资时绝不能大意。海外基金适合拥有一定风险承受能力且了解海外市场、具备投资操作能力的投资人。

三、为什么国外买房几家欢喜几家愁

现在，如果我们在网上搜索"海外投资"，网页上显示出来的内容大部分都是关于海外置业的。连我身边的国内房产中介都去卖海外房产了，看来是有越来越多的人参与了海外置业这件事。为何这几年海外置业这么火爆？主要原因是 CRS（Common Reporting Standard，共同申报准则，又称"统一报告标准"）。

通俗地说，对于我国公民在 CRS 成员国存的任何一分钱，国家都有记录，然后会查是否为应税资产。如果发现没缴税，就要补齐税款；如果发现资产来历不明，就会查清楚；如果存在恶意转移资产或洗钱的行为，则会被依法处理。而目前柬埔寨、泰国、菲律宾和越南都不是 CRS 成员国。所以，有些人为了钻空子，仍会选择去东南亚这几个国家买房。

而那些不明真相的人，面对铺天盖地的东南亚房产广告，按捺不住内心的激动，尤其是一想到泰国的房子如此便宜，恨不得马上交钱买房，这样，自己好歹也算是有海外资产的人了。

我们自己一定要想清楚：作为普通人，如果我们真以为海外的房产很赚钱，那就很可能成为待割的"韭菜"了。

我身边有一个真实的投资泰国房产的案例。某人刚买入泰国房产的时候意气风发，因为他买的是包租的精装公寓，他认为自己即将变成国际"包租公"。两年后，我再遇到他，问到他在泰国的房产时，他的眼神黯淡了。原来，房产商之前承诺的"包租"取消了，需要房主自己找房产中介公司打理，而房产中介公司收取的服务费之高以及一年到头很难租出去几天的现状，让他日进斗金的美梦破碎。而且，房子很难转手出去，更让他这笔投资难以收回本钱。

而越南的房产投资就更离谱了。推销越南房产的人把越南称作"下一个中国"，还说越南这几年的 GDP 增速有多快等。可在光鲜的 GDP 数据背后，越南人的工资水平怎么样呢？数据显示，2019 年，越南河内市、海防市、胡志明市等地的最低工资标准为 4 180 000 盾／月，约相当于 1271.26 元人民币。值得一提的是，上述几个地区是越南最发达的地区。有数据显示：越南年收入超过 15 万元人民币的只有 25 万人，年收入在 5 万～ 15 万元人民币的约 30 万人。

去过越南的朋友，即便去的是越南经济最发达的胡志明市，也会感觉其还不如中国内地的三、四线城市。越南现阶段的人均 GDP 仅为 2481.5 美元。而在中国 34 个省级行政区生产总值的排名中，即便是排在倒数第一的甘肃省的人均 GDP 也达到了 28 497 元，约合 4226.4 美元。

你真的相信一个用 20 多年时间在经济发展方面都没赶上中国的一个贫困省的国家可以成为"下一个中国"？越南在经济方面完全不具备核心增长点，但房价却出奇地高。在胡志明市，市中心地区的房子单价为每平方米 8000 美元以上，相当于 5 万多元人民币，接近我国北上广深的房价水平。虽然价格高，但是城市配套设施，如地铁、高架桥等方面明显不如我国的一线城市。越南首都河内市区的房子，每平方米的售价为 1500 ~ 2000 美元，即每平方米为 1 万 ~ 1.5 万元人民币，这个价格与我国大部分省会城市的平均房价近似。当地人的收入普遍那么低，怎么买得起你想转手的公寓？所以，如果你购买了当地房产，一旦想转手出去，就只能祈祷同样的国际投资者入场接盘。

而有钱人购买海外房产的目的，除了获得海外身份、便于税务规划、规避 CRS 之外，就是保值，即我们前文说过的"不要把鸡蛋放在同一个篮子里"，因此房产投资人不会仅在某一个国家配置房产，而是在多个新兴发展国家分散配置房产，他们并不会纠结自己在某个国家买的某几套房子是否增值，即使空置也对他们整体的资产配置无碍。但是，普通人根本做不到这样的配置，而且有些普通人是真的以为越南、泰国等这些国家是"下一个中国"，抱着"错过了中国的房产投资黄金 10 年，不能再错过'下一个中国'的房产投资黄金 10 年"的想法。所以，在这件事上，我们一定要理智对待。

在海外置业的人，获得过"5 年 3 倍"或"3 年 2 倍"的收益吗？至少我没见过有人有这样的收益，而获得"账面回报几倍"的人有很多，但是，只有将海外房产转手卖出去，账面回报才能成为实际回报，否则一切都只是空谈。

四、国内外的保险有什么不一样

　　海外资产配置自然也包括海外保险配置，如购买新加坡保险、美国保险等。这些听起来好像很"高大上"，其实在本质上和国内保险并没有什么不同。很多人购买海外保险无外乎这几个原因：一部分人是可能已经移民，需要购买当地保险做资产配置，进行财税规划；还有一部分人是看中不同国家和地区的保险有各自的特点，而且刚好满足自己的需要。就拿保险费率来说，保险的费率是根据当地人的寿命、疾病发病率和死亡率等各种因素精算出来的。很显然，如果某地人口平均寿命长、疾病发病率低的话，当地的保费就会更便宜一些。

　　说到底，海外保险并不一定就比国内保险好，而是看我们的个人需求。配置海外保险就是利用各个国家和地区不同保险的特点，进一步优化我们自己的保险配置。

　　比如，有些人喜欢买美国的寿险，是因为美国寿险的杠杆更高，也就是说，同样的1元钱，能买到的保额更高；有些人喜欢买新加坡的重疾险，是因为新加坡的重疾险对轻症的理赔保额较高；还有些人喜欢买港险，是因为港险是非常方便的美元资产配置方式。而我们如果考虑做这样的全球化保险配置，就必须考虑自己的需求和购买成本、理赔情况以及财税规划，毕竟各国、各地区的保险政策并不相同。比如，美国的保险分红需要交纳资本利得税，但是国内保险的分红就不需要交。因此，购置海外保险时，了解其具体情况的难度比购买国内保险时的难度更大。

误区篇：
规避生活中的投资理财雷区

近几年，掉入理财骗局的人之所以越来越多，是因为大部分人的知识结构还不足以适应这几年发展突飞猛进的金融市场。毕竟在几年以前，中国老百姓大部分的理财方式仅限于将钱存在银行或买房子。面对金融投资理财产品及理财公司的大爆炸式发展，投资人在认知层面应对滞后且乏力。我常常看到一些理财失误或者被骗的投资人，心里感到非常惋惜，其实有时仅因为信息不对称，就造成投资人很大的损失。那么，哪些信息是必须了解的金融理财常识，且可以使我们迅速上手并灵活好用呢？

一、不要误解"分散投资"

曾有朋友向我抱怨说很多金融理论误导人，他本人相信了以"分散投资"的方式进行资产配置的理论，把 100 万元精心地分散配置于不同的投资领域，包括各类公募基金、美股、期货以及入股朋友公司，结果满盘皆输。他觉得以"分散投资"的方式进行资产配置就是个骗局。实际上，不止这位朋友有这样的看法，很多人通过实践后都觉得分散资产配置似乎赚不到钱，反而投资的方向到处漏水。

分散投资，指的是尽可能把资金分散在不同的投资领域进行组合投资，精心策划各种投资的搭配比例，这些投资之间关联性越低越好，这样就能实现风险最小化，总体算下来收益就高了。很多人都听过这个由经济学家马科维茨于 20 世纪 50 年代提出的投资组合理论，但是我们中的很多人对这个理论有些小误解。

误解一：投资只要分散就行

很多人买了多家网贷公司的理财产品，结果纷纷被骗。在进行分散投资时，要将资金分散在不同类别的资产领域，且关联度要低，最好不要有关联性，但分散在不同的网贷公司是什么操作？这等于是把鸡蛋放在不同的篮子里，但是这些篮子都在一辆卡车上。

误解二：分散投资适用于所有人

其实，这个理论并非人人适用。分散投资这个理论对"守富"有利，能避免投资者孤注一掷地做出糟糕的投资决策，但会影响"创富"。不少人将资金分散投资于不同领域，却刚好完美错过风口，以致降低了整体的投资回报率。

那么，分散投资如何才能做到效果最大化？进行分散投资时必须投向关联度低的不同行业和领域，且均是该行业的优质项目或基金等，才可能达到分散投资的收益最大化和风险最小化的效果。如果分散投资的不是该行业的优质项目或基金，即便是做到分散了，也只是将资金分散在垃圾项目或垃圾基金里，结果没有遍地开花，而是遍地"爆雷"。可见，进行分散投资时，要想赚到钱并降低风险，关键是将资金分散投在各个领域优质的投资项目中。而各个领域的投资机会那么多，根据"二八定律"，不可能都是好机会，好的投资项目也只有一小部分，无论是集中投资还是分散投资，都需要我们具备较强的专业功底，挑选出优质的投资项目。只有选对优秀的公司，才能降低整体的投资风险，获得较高的收益。

如果你对任何领域都不熟悉，也没能力选出好公司，却看好某一个行业或市场的未来趋势，那么，你就去定投相关领域的指数基金，这样做也可能会取得不错的收益。

二、理性看待投资理财中的风险、收益和流动性

面对各种投资理财产品时，投资人总期待一个完美的产品——风险低、收益高、期限短、流动性强的投资产品。而很多非法集资或诈骗组织也瞄准了投资人的这种心理，推出"无风险、高收益、短期性"投资理财产品，并且无论他们编造的骗局怎样拙劣，总能骗到无数人。

而真实情况是，金融理财产品的风险低、收益高和流动性强是不可能俱全的。这个世界上不存在风险低、收益高、期限短的投资理财产品。

在金融投资理财中，正常情况下我们看到的往往是：风控、投向以及基金管理人等都优秀，就是收益低；预期收益可观，投资期限也短，就是风险太大，需要博一博；预期收益挺好，风险也可控，就是投资周期太长……

仅以收益的高低简单地判断投资风险是不对的。如果想以收益高低判断投资理财产品是否可靠，就不应该只看收益的高低，因为并非收益高风险就一定大，收益低风险就一定小，我们还应该看收益的合理性以及持续性。

投资理财产品的风险与收益的合理性成反比，收益及其来源越不合理，风险越大。

比如，A股打新就属于收益高但风险低的操作。比如打新阿里巴巴就属于以低风险赚钱。但是，股票打新的概率极低，不具有可持续性，不可能天天中签，一年中出现几次都很难得了。而之前盛行的所谓安全稳健、年化收益率为6%~7%的票据理财就把无数投资人骗得血本无归。试想市场上哪来那么多低风险银行票据让人们谋利？当时，到处都充斥着"票据理财"产品，其实只是"挂羊头卖狗肉"而已，这样的理财产品，收益再低都属于高风险。

即便债券类基金理财这种普遍被认为是稳健的理财方式，也可能因为融资主体的经营周期而产生不同风险。当融资主体日薄西山时，即便债券类基金本身风险等级低，这时该基金也处于高风险状态。

还有红极一时的"盖网"骗局，说是刚投放电销终端机就能有20%的年化收益率。电商真这么好赚钱吗？我们可以去看看京东和淘宝创建几年之后才盈利，而腾讯旗下的拍拍网更是根本没做起来……我们要想一想：刚一上线，什么都没卖出去就赚钱，这合理吗？

现在还有一些理财平台的海外美元基金的年化收益率动辄为9%~10%，号称"低风险、高收益，连巴菲特都靠这个赚钱"。那么，问题来了：这么容易赚钱的产品怎么会落到一个毫无名气的民营小投资公司头上？这合理吗？要知道哪里赚钱，哪里就有大量机构涌入，怎么别的机构都没做上，唯独这家小公司做上了？

总的来说，对于投资理财产品的收益我们要多想想其合理性和可持续性。所以，面对任何看起来完美的投资理财产品，我们都需高度警惕。

三、不可迷信任何金融牌照

很多金融理财产品的销售人员在推销时总会强调"我方获得 ×× 金融牌照，是正规安全的，请放心"。这种说法本身就存在极大误导。那么，什么是金融牌照？金融牌照，即金融机构经营许可证，是批准金融机构开展业务的正式文件，由银保监会、证监会等相关部门分别颁发。顾名思义，就是个经营许可证，和开餐馆、医院等要有相应的许可证一样，没有经营许可证就是非法营业，但有经营许可证不代表该公司发行的投资理财产品就安全、正规、可靠，这就像某个餐厅有营业执照、食品经营许可证，却不能保证它做菜时不用地沟油一样。金融牌照对平台发行的投资理财产品不具有任何安全和保障承诺。

以下是我整理的目前我国金融市场上的一些金融牌照及其监管部门，供大家参考。

牌照名称	监管部门
银行	银保监会
信托	银保监会
金融租赁	银保监会

（续表）

牌照名称	监管部门
消费金融	银保监会
金融资产管理	银保监会
货币经纪	银保监会
贷款公司	银保监会
第三方支付	央行
征信	央行
证券	证监会
期货	证监会
公募基金	证监会
基金子公司	证监会
基金销售	证监会
基金销售支付	证监会
私募基金	基金业协会
股权众筹	证券业协会
保险	银保监会
保险代理、保险经纪	银保监会
融资租赁	银保监会
典当	银保监会
保理	银保监会

（续表）

牌照名称	监管部门
小额贷款公司	省级金融办
融资性担保公司	省级金融办
金融资产交易所	省级金融办
企业财务公司	银保监会
汽车金融	银保监会

很多投资人天真地以为某公司拥有基金业协会颁发的私募基金管理人牌照，又在基金业协会官网进行过备案的理财产品就是可靠的理财产品。这其实完全是被误导了。基金业协会只是一个进行市场维护和公示的平台，从来不可能为任何一家投资理财平台的私募理财产品背书。想骗钱的公司也照样可以合法申请私募基金管理人牌照，然后发行一个所谓的投资理财产品进行诈骗。

任何金融牌照都只是类似经营许可证，不对任何公司或投资理财产品提供信用背书。很多投资人被骗后却还是想不明白，要么说"它有牌照怎么会是非法集资呢？"要么说"它有牌照，是正规机构，你们搞错了！"

当然，不同的金融牌照的申请难度和申请标准不同，价值也各有不同，其中最重要且有价值的就是银行、证券、保险、信托、基金、期货和租赁这七个金融牌照，其中尤以保险和银行牌照最为金贵，因为这两个牌照可以使持牌机构有条件获取长期低成本的资金。

四、投资理财产品"爆雷"该怎么办

我们平常说的投资理财产品"爆雷"，一般指的是某个固收类投资理财产品无法兑付本息，或某个浮动收益类投资理财产品存在重大欺诈行为导致投资人的本金损失。但并非所有使投资人本金损失的投资理财产品都为"爆雷"产品。有一部分投资理财产品的确是因客观存在的投资风险造成的本金损失，比如，因股市波动、股灾、政策风险造成的投资损失等，这些结果并非因基金管理人人为或恶意造成的，而是因正常范围内的市场风险造成的，所以并不能称为产品"爆雷"。

一旦遇上产品"爆雷"的情况，投资人该怎么办？可以从以下方面着手。

（1）收集证据。先不要慌，而是要先将产品合同、投后报告、宣传资料以及自己与业务员联系过程中的聊天记录、录音等证据收集在一起。最好设法联系上其他受害者，一起抱团解决。要想打赢这一仗，就必须弄清楚基金管理方在哪里出了差错，是如何造成这样的局面的。只有抓住对方的错误，才可能稳操胜券，就像 2020 年的"原油宝"事件，正因为中国银行在操作过程中存在失误，所以才向投资人赔偿投资损失。

（2）明确向哪家监管部门举报。一旦发现投资理财产品"爆雷"，就要向相应的监管机构举报。前文中已经列明了不同的金融公司所属的监管部门，一般与股票相关的投资向证监会举报，其他理财产品或基金向银保监会举报。如果某"爆雷"事件涉及非法集资诈骗，投资人应及时携带相关证据去当地经侦部门报案，并密切关注经侦部门的办案进展。

投资理财产品一旦发生"爆雷"，幸运的话，投资人可以通过事后积极的沟通和资产处置获得本息保障。但如果投资理财产品涉及非法集资诈骗，投资者就要做好本金损失的心理准备，至于能拿回多少，要看经侦部门最后能追回多少。如果发生极端情况，比如，犯案人员把资金都吃光败尽，没留下任何资产，那也就意味着没留下一分钱可用来赔偿投资人。如果投资人想要自己打官司追回资金得到投资赔偿，可参考后面章节的内容。

五、基金公司会跑路吗

关于基金公司是否会跑路，要看是私募基金还是公募基金，分情况讨论。

如果是私募基金，其实存在跑路的可能性。私募基金的直接监管部门以及备案单位是中国基金业协会，这个协会仅仅是个自律组织，虽然由银保监会监管，但也给私募基金以非法、违规操作等可乘之机。

中国基金业协会定期披露违规或失联私募机构名单。其中，亚洲掘金投资管理（北京）有限公司（以下简称"亚洲掘金公司"）曾是私募基金的"冠军"，根据私募排排网的数据报告，2017 年第一季度，亚洲掘金公司的"陨石掘金一号"，以 76.14% 的收益率获得私募基金的"冠军"称号。然而好景不长，在它成为私募基金冠军后不到半年，投资者就发现从其平台提现无法到账，网站也无法打开，随后，法人失联。另一家私募机构——深圳市前海中精国投股权基金管理有限公司同样出现了严重的兑付危机，涉及资金超过 18 亿元，实际控制人被曝跑路，公司人去楼空。每年都会出现失联、跑路的私募基金公司。因为私募基金的监管和备案本身只是以自律为主，只有东窗事发才会被监管机构审查或被经侦部门立案。很多私募基金的资金募集没有严格执行资金由银行托管的

规定，或是资金根本没有在银行托管，或是以存管而非托管的方式与银行合作，投资人的投资资金的独立性和安全性并不能得到保障。而且私募基金公司的设立门槛极低，使得有些非法集资诈骗团伙甚至专门成立私募基金公司以进行非法集资。

私募基金动辄失联、跑路，那么公募基金会跑路吗？

在这里再明确一下什么是公募基金。公募基金指的是面向大众、低门槛、人人可参与的投资方式，比如，支付宝里面的基金、天天基金里面的基金、银行 App 中随时可交易的基金等。公募基金不会像私募基金一样动辄失联、跑路，因为公募基金从以下各个环节杜绝了基金跑路情况的发生。

（1）公募基金的设立门槛很高。不同于私募基金的设立近乎"零门槛"，设立公募基金公司的注册资本不低于 1 亿元人民币，且必须为实缴货币资本。主要股东应当具有经营金融业务或者管理金融机构的良好业绩、良好财务状况和社会信誉，资产规模达到国务院规定的标准，最近 3 年没有违法记录等。此外，申请公募基金需排队，且不一定申请得下来。

（2）公募基金的资金监管要求高。不同于私募基金可能没有将投资人的资金托管给银行，公募基金必须按照规定把投资人的资金托管给符合要求的银行或券商，基金管理人、基金经理没有机会触碰资金，因为要买什么股票或债券等，只能发指令给托管银行或券商，托管银行或券商甚至要和证券登记结算公司及证券交易所确认该笔交易的真实性，只有在确认真实无误后才会划转资金。在这个过程中，公募基金公司无法直接接触资金，资金完全独立于公募基金管理人及基金经理，杜绝了被挪用的风险。

（3）监管严格。每一只公募基金还受到证监会、银保监会、基金业协会、销售机构等的监督和管理。而且，基金投后要进行严格的信息披露，不同类型的基金所投资的股票、债券占比不同，这些规定都直接源于证监会或银保监会。

所以，公募基金公司是不可能卷款跑路的。

六、保险公司一旦倒闭，保单怎么办

　　我们接触到的很多保险业务员可能会常说："保险公司是不允许倒闭的，你放心好了。"这不禁使我们想知道：这只是宣传营销话术，还是保险公司真的不允许倒闭？

　　保险公司当然是允许倒闭的，既然是公司，哪有不允许倒闭的，关于这一点，《保险法》第八十九条说得很清楚："保险公司因分立、合并需要解散，或者股东会、股东大会决议解散，或者公司章程规定的解散事由出现，经国务院保险监督管理机构批准后解散。经营有人寿保险业务的保险公司，除因分立、合并或者被依法撤销外，不得解散。保险公司解散，应当依法成立清算组进行清算。"

　　也就是说，经银保监会批准后，保险公司可以解散。所以，保险公司与其他商业公司一样，如果股东投票决定不干了，并且监管机构也同意，当然可以一拍两散。这时候有人可能会质疑说："你看条款里面说'经营有人寿保险业务的保险公司，除因分立、合并或者被依法撤销外，不得解散'，所以寿险公司是不允许倒闭的啊。"我们常听到的"寿险公司不允许倒闭"的话术，也来源于这一条。关于这一点的解释，我们再继续慢慢看《保险法》。

《保险法》第九十条规定："保险公司有《中华人民共和国企业破产法》第二条规定情形的，经国务院保险监督管理机构同意，保险公司或者其债权人可以依法向人民法院申请重整、和解或者破产清算；国务院保险监督管理机构也可以依法向人民法院申请对该保险公司进行重整或者破产清算。"这里说的"保险公司"并没有将人寿保险公司单独列出，说的是全部保险公司，也就是说无论是经营人寿保险业务的公司还是经营非人寿保险业务的公司，都可以破产清算。

如果你认为这还不够的话，我们再看《保险法》第九十二条："经营有人寿保险业务的保险公司被依法撤销或者被依法宣告破产的，其持有的人寿保险合同及责任准备金，必须转让给其他经营有人寿保险业务的保险公司；不能同其他保险公司达成转让协议的，由国务院保险监督管理机构指定经营有人寿保险业务的保险公司接受转让。转让或者由国务院保险监督管理机构指定接受转让前款规定的人寿保险合同及责任准备金的，应当维护被保险人、受益人的合法权益。"这段话的意思是说，寿险公司如果申请倒闭，就必须找其他保险公司接管其寿险业务，如果找不到，那只能请银保监会指定一个接管的保险公司，投保人理赔时就找接管的保险公司，接管的保险公司必须保障投保人的合法权益。这里所说的"人寿保险业务"，可以将其简单理解为以人的生命为保障的保险业务，如重疾险和寿险。

七、如何区分非法集资诈骗和正规理财产品

很多买投资理财产品的投资人，直到该产品"爆雷"时，才知道自己上当了：买的"投资理财产品"只是他人进行非法集资诈骗的一个幌子。那么，我们该如何区分非法集资诈骗和正规理财产品呢？其实，我们只要简单学几招，就可以区分非法集资诈骗和正规理财产品。

（1）一般来说，非法集资诈骗的宣传方式简单粗暴，常常只有这几个关键词：无风险、高收益、安全稳健。只要这几个词一起出现在一张理财产品的宣传单上，请立刻远离，以避免灾祸。正规理财产品不可能承诺收益，更没有所谓高收益，宣传语中不仅不允许出现以上字句，甚至会写许多令投资人害怕的风险提示。

（2）非法集资诈骗类平台喜欢找明星来代言或站台。但凡请明星代言的理财平台，迄今为止无一幸免都被经侦部门立案侦办了。因为请明星代言不仅花费巨大，而且存在很强的误导性。合规的基金公司或理财平台从来不会有明星代言或站台这种情况，一方面营销预算不允许，另一方面不合规。也就是说，只有非法集资诈骗团伙愿意冒险花大价钱找明星来误导大众。

（3）非法集资诈骗类平台喜欢罗列一大堆虚名，包括但不限于各类媒体评选的各种名目的奖项、五花八门的协会组织颁发的各种荣誉，甚至还有娱乐杂志将某非法集资诈骗平台的创始人评选为"×××经济风云人物"，等等，以致严重误导投资人。而合规的投资理财平台即使被评选上了什么奖项，基本上也不会大力宣传，不会把这些展示给投资者。

（4）非法集资诈骗公司的老板及其团队往往存在履历造假、包装痕迹严重的情况，其实他们可能只是一些低学历的骗子。多家已被立案侦查的非法集资诈骗平台的创始人实则仅初中毕业，甚至有的还有犯罪前科，这些人通过花钱买个 MBA 名校的学历，或弄个和真实金融圈大佬的合影等，虚构各种履历，甚至虚构投资业绩，使自己看起来像模像样，以诓骗投资人。合规理财公司的创始人及高管，比如公募基金公司的高管都需要银保监会或者证监会核准，履历审核严格，而这些人本身也不会刻意宣传自己的学历、履历等。

（5）就投资理财产品本身来说，非法集资诈骗公司的理财资金几乎不会托管给银行，取而代之的是存管在银行，或者在银行只有普通的募集资金的账户。而正规的理财产品会严格按照规定将资金托管给银行，而且监管机构对其投资信息披露有严格的要求。

有人说正规的投资公司或投资理财产品会有备案，因此进行过备案的投资公司或投资理财产品都是正规的。这一点也必须分情况而论。对于私募基金而言，非法集资诈骗与其是否在中国基金业协会进行过备案没有必然联系，备案不代表该公司或该理财产品合规、正规，备案只是一种行政流程而已。投资理财产品是否进行过备案，不能作为区分非法集资诈骗和正规理财产品的依据。

八、不要高估你的理财经理

对理财经理或理财规划师，你要有清醒的认识。从本质上来说，这个职业和房产中介差不多，房产中介拿在手里的是不同的房子，靠卖房子赚取佣金，而理财经理或理财规划师手里拿的是不同的投资理财产品，靠卖投资理财产品赚取佣金。通常，理财产品越差，销售提成也越高。

所以，你去银行买几十万元的货币基金，你的银行理财经理几乎不赚钱；而如果你某天买了100万元的某垃圾理财产品，所谓的理财经理可能赚了你5万～10万元。比如华融普银非法集资案件，当时涉案的非法理财产品甚至被银行的理财经理私自销售给私行部的客户，一单几千万元，提成6%～7%，销售了这一单后，那个理财经理就辞职回老家了。

目前，市场上的理财经理鱼龙混杂，大致可以分为以下几类。

1. 银行系理财经理

其中又分普通理财经理和私行部理财经理。普通理财经理一般就是办三五万元的理财，专业水平一般。私行部理财经理面对的是在银行拥有600万～800万元存款的客户，向这些客户推荐几百万元起投的投资理财产品，包括但不限于：信托理财、资管理财、私募证券基金和私募股权基金等。因此，银行的私行部理财经理的专业水平比银行的普通理财经理的强一些。

2. 信托系理财经理

第一梯队的信托公司，如中信信托、平安信托公司的理财经理的专业水平比银行系的高一些。而第三梯队的信托公司对理财经理的要求基本就是"只要能把信托卖出去"即可。

3. 券商系理财经理

这类理财经理偏重于销售券商资管计划、券商私募证券基金和各类股票公募基金等，总体人员的水平低于以上两类。三流券商对理财经理的要求也只是"只要能把产品卖出去"。

4. 财富管理系理财经理

这类理财经理的水平最是参差不齐，有些骗子财富公司的理财经理岗位基本不论学历和能力，只要能把资金拉进来即可。其中也有一些理财经理是从银行系、信托系和券商系跳槽过去的，但总体来说不多。

5. 保险系理财经理（这里只说国内保险）

这类理财经理中有些自诩"家庭财富保卫专家"或"家庭财富规划师"，头衔非常多，但这类理财经理能理解并能讲清楚各类保险就算是很优秀了，基本不懂其他投资理财产品。至于对理财经理的要求，不同保险公司现在的增员策略不同，有些保险公司要求高学历，试图组建学历最高团队，有些保险公司就是广泛吸纳社会上各种人，只要能把保险卖出去。

现在你可能大概明白了目前市场上各种理财经理的情况了。

这几年，互联网金融发生过各种令人瞠目的"爆雷"事件，理财经理或理财师的名声不佳。目前国内理财经理这个职业的整体现状为：从业人员普遍学历偏低，对金融产品的内在逻辑缺乏认识；以销售为主导，以赚取佣金为目的，缺乏和投资人利益一体化的思维；职业操守普遍较差，常夸大其词，违规保证等屡禁不止。

上述情况也可以理解，因为整个行业尚在洗礼中，更何况从业人员。

九、如何快速识别骗子理财公司

在之前的"如何区分非法集资诈骗和正规理财产品"中讲述了一些简单的识别非法集资诈骗平台的方法，现在，我们着重讲述如何利用生活常识快速识别骗子理财公司。很多人觉得自己不了解金融，不具备专业的基础知识，很难识别出骗子理财公司，其实不然，我们完全可以利用一些基本生活常识来识别诈骗，以下两个方法，屡试不爽。

（1）简单地思考一下：这个产品怎么赚钱，收益从哪里来？

只看非法集资诈骗公司的理财产品透露出来的信息很难回答这个问题，因为产品本身就是假借名义募集资金行骗的，哪来的投资回报一说。曾经有个投资理财平台号称将资金投向终端售货机以及类似淘宝、京东这类的电商平台，收益高达20%以上。对于这种说法，我们只要利用常识就可以识别，即看看所谓的终端售货机在市场上铺了多少台，每台终端售货机的销售情况如何，再看看所谓的电商平台的销售情况怎样即可。如果没几个城市有终端售货机，网上商城的销售量几乎可以忽略不计，那么问题来了：高达20%的收益从何而来？只要你动动手指算一算就知道根本赚不到这么多钱。

（2）还是简单地思考一下：投资回报率这么高，且听起来合理、完

美，那么这么好的事情为什么会落到自己头上？

天上不会掉馅饼。一个高收益、完美无瑕的投资方案，竟然无人争夺，最终落到你头上，这是命运的垂青还是弥天大谎？我们只需要冷静几分钟考虑下：这么好的投资项目、这么好的机会怎么会落到毫无名气的小投资公司身上？是福是祸，仅需要我们用常识去想一下。

只要我们多从自身的社会经验出发进行思考，相信一定会发现这些骗局的漏洞。

十、不同财富人群的理财方式有何不同

经常有人问我这样的问题："我有 10 万元现金，应该怎么理财？"

我的回答只能是："先买保障型保险，剩下的钱买指数型基金，然后放在那里，等其几年后上涨，或者购买一些银行固收类理财产品。"对于 10 万元来说，这是最稳妥的理财方案，而且也没有其他更好的选择。

有人说可以拿这笔钱炒股。但对新手来说，这样做的话，这笔钱基本就是有去无回。还有人说可以拿这笔钱做 A 股打新。的确可以，但前提是我们可以克服人性的弱点，当该股上市后，一旦赚了就马上出手，但一般人也很难做到。对于股票投资，只赚眼下可以赚到的钱就好。

但是，问题的关键在于：人们很难收住手。并且为了获得打新资格，需要买市值几万元的股票。A 股打新的中签率极低，而且这市值几万元的股票存在亏钱的可能。而如果进行港股或美股打新则需要学会择股，否则万一中签垃圾股，破发深套，也可能亏钱。

而关于黄金白银期货，普通人更是最好别碰。所以，对于普通人来说，资金少就没法进行其他投资理财，即便是巧妇，也难为无米之炊。

但是，一个存款有千万元的人该怎么理财呢？这可操作的空间就大

太多了，而且安全边界也高一些。

以前文提到的 A 股打新为例，一个持有 1000 万元 A 股股票市值的投资者可以申请网下打新资格。拥有了这个资格，他的打新中签率就比一般小型散户高出 10 倍之多。仅依靠这种 A 股无风险打新，他每年就能获得几百万元的回报。而小型投资者根本没有入场券，一开始就被排除在游戏之外。

再以常见的固收类理财产品来说，拥有几十万元资金的人只能选择银行理财以及各类公募基金等理财产品，甚至可能被假理财产品"割韭菜"，而一旦资金超过 100 万元，就可以做安全阈值更高的"国家队"的信托公司的固收理财产品，这些信托固收理财产品都是优质上市公司、地产公司或城投公司的融资项目，风控措施到位，有土地抵押、应收账款抵押还有连带责任担保等，每年的收益为 7% ~ 8%，最重要的是它们信用度更高，不会跑路。到目前为止，"国家队"的信托公司表现一直很好。

而某些"非国家队"的信托公司即便危在旦夕，也有金主大手笔砸重金接盘，并温柔地安抚投资人。比如，中江信托公司的 20 多个项目存在到期无法兑付的问题，涉及金额超过 50 亿元人民币。2020 年底，银保监会批复，同意中江信托公司股权变更，雪松控股成为第一大股东，中江信托公司更名为雪松信托公司，雪松控股董事局主席承诺对逾期项目负责到底，迄今为止，几乎全部兑付。

所以，虽然信托公司已经打破刚性兑付（以前出现问题的项目是那些信托公司自己出钱给客户贴本息的），但是安全系数总体远超那些数不上名的理财公司的理财产品。

再看市场上优秀的股权投资基金如 IDG、红杉资本等，如果投资人想投资它们，需至少几百万元起投，这也把一大批普通投资人排除在游戏之外。更别提有钱人可以集资成立房产公司，可以买地、盖楼这些操作了。

所以，如果你的闲置资金很充裕，却还挣扎在假理财产品、垃圾理财产品的旋涡中，那你可要上点儿心了，说明你还没找到正规队伍。如果你的闲置资金不太多，那就好好买保险，为自己防范风险，注意锻炼身体等，并且千万要对纷繁的理财产品保持警惕。

十一、买基金理财产品亏损，要求理赔能成功吗

我们知道，任何基金理财产品，均为金融销售机构直接销售或代销，这些金融销售机构在销售基金的过程中都应尽适当性义务，包括三个方面：适当性匹配义务、风险提示义务和信息披露义务。基金投资人或金融消费者都应该对适当性义务有充分认识，这样才能在基金理财产品或者基金销售机构出现问题时，正确、合法地维护自己的权益。

适当性匹配义务，即适当推介义务，指的是金融销售机构在销售基金的过程中，应了解客户的风险偏好、风险认知和风险承受能力，评估客户的财务状况，为客户提供与其匹配的产品，否则造成的投资损失应由销售机构赔偿。比如，客户的投资风险承受程度为平衡型，应该购买风险等级为 R3 及 R3 以下的产品。但是金融销售机构向其销售的产品的风险等级为 R5，超出了客户的投资风险承受程度，应及时在形式上做出风险告示，却未履行正确评估和适当推介义务。

风险提示义务，指的是金融销售机构应把基金理财产品的风险如实告知客户。如果未如实告知客户该基金理财产品的风险，或者风险披露不到位，导致投资者遭受损失，金融销售机构应赔偿客户。

信息披露义务，指的是金融销售机构在销售过程中应如实向客户披露财务会计报告、风险管理状况、董事和高级管理人员变更以及其他可能影响投资决策和投资收益的重大事项信息。如果金融销售机构在销售过程中刻意隐瞒或者因失误没有告知投资者，导致投资者遭受损失，理应赔偿。

在司法实践中，如有证据能够充分证明金融销售机构未尽适当性义务，法院支持赔偿。2019年最高人民法院发布《全国法院民商事审判工作会议纪要》，明确了金融产品发行机构和金融产品销售机构连带赔偿责任、告知说明义务、强化卖方举证、免责事由等原则和标准，金融产品的发行机构、销售机构以及服务提供者对金融消费者（投资者）负有适当性义务，卖方机构未尽适当性义务导致金融消费者损失的，应当承担赔偿责任。

我们来看一个真实案例。一般来说，我们买公募基金，除非遇到极端情况，如基金经理涉及"老鼠仓"、利益输送等刑事犯罪，都得盈亏自负。但是，2019年8月，北京高院的一份民事裁判书却让投资人开了眼界。2015年，北京市海淀区的王女士在A股最高点时，在建设银行北京恩济支行买了一只股票型基金，结果亏了60%左右，亏损金额超过57万元，于是王女士把建设银行北京恩济支行告上法庭。一审时，法院判银行赔偿王女士所有损失。建设银行北京恩济支行不服，于是上诉，二审仍然维持原判。建设银行北京恩济支行不服二审判决，然后向北京高院申诉，最后北京高院驳回其再审申请，建设银行北京恩济支行必须赔偿王女士的投资损失。这是为什么呢？王女士做了什么？如果你看明白了，一旦以后遇到这类情况，就不难应对了。

我们来看看事情的经过。根据一审裁判文书，王女士称，自2010

年以来，她一直在建设银行北京恩济支行购买其发行的理财产品。由于王女士自称收入不高，风险承受能力较低，一直明确要求只购买保本型的且为建设银行北京恩济支行发行的理财产品。2015年6月2日，建设银行北京恩济支行的理财经理主动向王女士推销一款产品，并要求王女士到建设银行北京恩济支行的营业厅办理。王女士称，出于对建设银行北京恩济支行的信任，她按照指示购买了价值96.6万元的理财产品。王女士购买的是深圳某家基金公司旗下的中证军工指数型证券投资基金。

然而，在整个购买的操作过程中，建设银行北京恩济支行的工作人员均未向王女士告知或解释该理财产品系非保本浮动股票型基金，且为银行代销的产品，亦未进行相关的风险评估和合同签订等事项。

2016年初，王女士要求赎回该理财产品，建设银行北京恩济支行告知王女士该款理财产品亏损30余万元，此时王女士才知悉其购买的理财产品是该银行代销的高风险股票型基金。之后，王女士与建设银行北京恩济支行多次沟通意欲赎回，但建设银行北京恩济支行要求王女士继续持有该产品，并说该产品有回本可能。此后，王女士又多次向建设银行北京恩济支行及其上级单位投诉，此事始终未予解决。直到2018年3月28日赎回该产品时，已亏损576 481.95元。王女士认为建设银行北京恩济支行违反了有关规定，在明知自己风险承受能力较低的情况下，欺骗自己买银行代销的高风险理财产品，并导致自己损失巨大，建设银行北京恩济支行需赔偿其亏损的576 481.95元以及所投本金（96.6万元）自购买涉案理财产品之日起至给付之日止的同期银行存款利率。

建设银行北京恩济支行不肯赔这笔钱，辩解称自己不是本案的适格被告，自己和王女士之间根本不存在金融委托理财合同关系。另外，建设银行北京恩济支行还称王女士的财产损失是因王女士自行申购、持有、赎回基金导致的，建设银行北京恩济支行仅提供了其购买产品时的相关服务，与王女士的财产损失之间不存在因果关系。建设银行北京恩济支行还称，基金及理财产品的发行方是资金的实际使用方，建设银行北京恩济支行没有占有和使用王女士的资金，因此王女士主张的利息损失没有法律和事实依据。建设银行北京恩济支行还使出了一招撒手锏——称王女士多次在本行购买基金和理财产品，但将其亏损的基金归责于恩济支行，而将其他基金和理财产品的盈利归于自己，明显不符合事实。

但一审法院认为，首先，是建设银行北京恩济支行向王女士主动推介了"风险较大"的"经评估不适宜购买"的理财产品。毕竟王女士本身的风险承受能力为稳健型，且要求购买保本理财产品，但涉诉基金的招募说明书中载明"不保证基金一定盈利""不保证最低收益"、该基金为"较高风险"品种，该基金的特点与王女士在风险评估问卷中表明的投资目的、投资态度等风险偏好明显不符，属于不适宜王女士购买的理财产品。

这时，建设银行北京恩济支行又使出另一个撒手锏。银行称王女士购买涉诉基金时，工作人员已向其介绍了该基金的相关情况并进行了风险提示，"证券投资基金投资人权益须知""投资人风险提示确认书"等单据也由王女士本人签字确认。该须知对"什么是基金"等均有详细的描述，尤其是在"基金投资风险提示"中以黑体字提示了投资风险，在

确认书中，王女士也亲笔书写了其已知晓风险并自愿承担损失的内容。根据上述内容，应当认定建设银行北京恩济支行已经充分履行了风险提示义务。

接下来可能很多投资人自己也认为，自己在"风险自担"文件中白纸黑字地签字了，只能自认倒霉。其实并不是！一审法院认为，本案中，在王女士购买涉诉基金的过程中，建设银行北京恩济支行未向王女士出示和提供基金合同及招募说明书，没有尽到提示说明义务，应认定建设银行北京恩济支行具有侵权过错。另外，虽然王女士购买涉诉基金时在须知和确认书上的确签了字，但上述须知和确认书的内容为通用的一般性条款，没有关于王女士本次购买的基金的具体说明和相关内容，故王女士的上述签字行为并不能免除建设银行北京恩济支行就涉诉基金的具体相关情况向王女士做出说明的义务，亦不能因此而减轻建设银行北京恩济支行未向王女士说明涉诉基金具体相关情况的过错。建设银行北京恩济支行则称其向王女士说明了基金合同及基金招募说明书的相关情况，但建设银行北京恩济支行提供不出证据。

以上事件简直是教科书级别的参考事件，关键在于两点：第一，建设银行北京恩济支行没有向王女士出示基金合同以及基金招募说明书，所以王女士不知晓产品的具体情况，而建设银行北京恩济支行如果反驳，必须出具证据，显然建设银行北京恩济支行拿不出证据；第二，王女士签署的确认书之类，签署确认一大堆风险自担的内容，这些内容是通用的一般性条款，所有投资理财产品的有关确认书都这么写，并不代表建设银行北京恩济支行就王女士所购买的特定产品的风险做出揭示，也不代表王女士已经知晓所购基金产品存在的具体风险。所以，建设银行北京恩济支行必须对王女士的损失进行赔偿。

二审法院的认定也当属经典。二审认为王女士已在评估问卷中明确表明其投资态度是保守投资，不希望本金损失，其投资目的为资产稳健增长，并且在本金出现10%以内的损失时会出现明显焦虑（风险测评里面的内容）。而根据基金招募说明书显示，建设银行北京恩济支行向王女士推介的涉诉基金为股票型基金，属于证券投资基金中风险较高、收益较高的品种，该基金类型明显与王女士在风险评估问卷中的回答及评估结果不符。建设银行北京恩济支行在明知王女士的投资目的、投资态度等风险偏好的情况下，仍向其推介，让其购买不适合她的投资风险较高的股票型基金，存在重大过错。而且，建设银行北京恩济支行在向王女士推介涉诉基金的过程中，违反了基金代销机构应当承担的适当性义务，建设银行北京恩济支行虽然对此予以否认，但未能提出有效证据证明王女士是在充分了解投资标的及其风险的基础上自主决定购买涉诉基金的，存在明显不当推介行为和重大过错，故对于王女士购买涉诉基金遭受的损失，建设银行北京恩济支行应当承担损失赔偿责任。最后，二审维持原判，也就是建设银行北京恩济支行赔偿原告王女士的损失计576 481.95元，除此之外，还需赔偿相应的利息损失。

之后，建设银行北京恩济支行又向北京高院申请再审，结果被驳回，维持原判。

通过以上这个真实的案例，我们一定对金融产品销售机构在销售过程中的适当性义务、风险提示义务有了更深的理解。一些金融产品销售机构在推介资管产品时，为了追求规模和绩效，只说收益，不提风险，或刻意隐瞒、误导投资人，甚至出现游走于灰色地带的操作。因此，监

管机构要求在金融理财产品的销售过程中，金融产品销售机构必须强化适当性义务，切实防范因片面追求经济利益而向风险承受能力不足的投资人推介高风险资管产品的情况。只有在"卖者尽责"的基础上，才能实现"买者自负"。

十二、房贷是不是越早还完越好

在传统思维的引导下，许多购房者将房贷视为一生的拖累，有些人的目标甚至是多赚钱，早日把房贷还清；还有些人在做房贷时希望自己尽量少付利息，或早日实现"无债一身轻"。

但事实是，房贷是目前个人能够用到的最划算的金融工具。你竟然不愿意用？

2022 年，五年以上银行贷款的基准利率是 4.9%，意味着如果你贷款 100 万元，一年的利息仅 4.9 万元，而市面上其他类型的个人贷款利率都在 6% 以上，即使房地产开发商去外面融资，融资成本也高达 10% ~ 20%。如果你贷款买房时有公积金名额，那就更划算了，这样，在大部分城市做房贷时的利率可以低至 3.25%。因此可以说，除了房贷，你再也找不到贷款成本更低的渠道了。

另外，不要怕按揭和利息，通货膨胀会自动帮你减轻还贷压力。为什么这么说？

伴随着我国 GDP 的高速增长，同样也会产生通货膨胀、人民币贬值的问题，比如 20 年前的 100 元的购买力和现在的 100 元的购买力不可同日而语。同样的道理，我们也可以想象一下现在的 20 万元和 20 年

后的 20 万元的购买力。当下 M2（广义的货币供应量）的增速达到了 8%，人民币在贬值，其购买力在下降。这意味着我们现在手里的钱要比未来手里的钱值钱。所以，贷款时要选择等额本息的还款方式，不要一开始还很多钱，因为越到后面，钱越不如现在值钱，也别计较总利息这回事，因为通货膨胀会把它对冲掉。

举个例子，我们回到 2009 年的北京。当时北京市职工的月平均工资是 4000 多元，平均房价约 1.2 万元 / 平方米，如果你当时买一套 80 平方米的刚需房，总价 96 万元，贷款 60 万元，年利率 4.9% 的话，每个月的月供是 3000 元。4000 元的工资，3000 元的房贷，那时候的购房者会觉得自己的还款压力很大。但是，在 10 年以后呢？ 2019 年，北京市职工的月平均工资已经涨到了 7800 多元，而且赚钱的机会远多于过去。这时你会发现，你的月供还是 3000 元，还款变得容易了很多。更重要的是，北京市的平均房价从 1.2 万 / 平方米涨到了 6 万元 / 平方米，你的固定资产翻了 5 倍，赚了 384 万元。

在这个过程中就是通货膨胀在助力，让我们不知不觉能够承担得起当时觉得很高的按揭贷款。更何况很多房子并不需要我们真的承担 30 年按揭，很可能我们买房 3 年或 5 年后就要换房子了，我们不仅赚取了这几年房产的增值部分，还可以把按揭变相转移给下一位购买者。

我们贷款买房时，如果争取按最大的额度、最长的期限贷款，而且不提前还款，那么我们就可以用原本用来提前还款的钱去购买二套房，或者做点儿其他的投资理财，相当于拿着银行给的低息资金进一步为自己创造财富。但无论是继续买房，还是做别的投资理财，切记手里要留有足够的现金，以备不时之需。